音でつながる 英単語4000

KUMON

この本について

●どんな単語を学習するの？

この本は、音の共通性によって単語がつながっていくというこれまでにない単語集ですが、収録されている単語は特殊なものではありません。**中学レベルの必修単語や、高校レベルの基本単語も**しっかり入っていますし、そのほか、**さまざまな英語学習や英語活動につながる、幅広い一般的な基本単語**が収録されています。

● 4000 語を全部覚えるの？

人によって必要とする語彙は違います。この本に収録されている単語にしても、全部がだれにとっても必要というわけではありません。ですから、**最初は 7 割くらい覚えておけばいいでしょう。それでも 3000 語近くになり、「英語の基礎体力」としては十分**です。あとは必要に応じて、少しずつ増やしていけばいいのです。

●発音記号が読めなくても学習できる？

発音記号は本書でも使用しますが、**初めから読める必要はありません。**説明に従って学習を進めれば、つづりを見て発音できますし、発音記号も 1 つ 1 つ、無理なく覚えていくことができます。**発音記号が苦手だという人にも、安心して使っていただけます。**

●読めると覚えられるの？

単語には、「つづり」と「読み」と「意味」の 3 つの要素がありますが、要の位置にあるのが「読み」です。「読み」でつまずいていると、「つづり」と「意味」がスムーズにつながらず、頭の中にしっかりと定着しません。その反対に、**「読み」に自信があると、「意味」がすっと頭に入って、「読み」と一体化し、定着します。**

CONTENTS

＊本書では、母音を「母音①②③」の 3 つに分類していますが、これは学習をしやすくするための、この本特有の分類で、一般的なものではありません。

1 「STEP1から順に」読む！

最初に学習するときは、**順番どおりに、全体を通して読みましょう**。 STEP1で身につけたことが、 STEP2で役に立ちます。 STEP2で身につけたことが、 STEP3やSTEP4で役に立ちます。

2 「英単語だけを縦に」読む！

この本では、**区切り(=ブロック)ごとに、英単語だけを「縦に」読んでいきます**。 単語の意味は、読み終えたあとで確認します。 知らない単語は、もう一度読んで、「読み」と「意味」を一致させておきましょう。

3 「つづりを見て自力で」読む！

STEP1では発音記号もカタカナ表記もありません。 単語は、**つづりを見て、自力で読んでいきます**。 大部分の単語が韻を踏んでいるので、単語から単語へとリズミカルに読み進められるでしょう。

4 「音声を利用して」発音をチェック！

単語を覚えるうえで、発音に自信がもてるということは重要です。 **区切りのいい所で、まとめて音声を聴いて、発音をチェックしましょう**。 音声を聴きながら、意味の確認 (復習)もできます。

5 「2回目以降はランダムに」読む！

最初は順番どおりに読みますが、 2回目以降は、順番を無視しましょう。 **ランダムにページを開いて、目についた単語を1つ読み、そのあとで、その単語を含むブロック全体を最初から読む**といいでしょう。

3

この単語集の見方

本書では、母音を中心とした音の共通性によって、単語がブロック（かたまり）を形成しています。ブロックの中には、すでに知っている単語もあるかもしれませんが、それも含めて、ブロック単位で単語を学習していきましょう。

[強い母音]

ここから先の単語の、強く発音する母音を示しています。

〈a, ay, ei …〉

ここから先の単語の中で、強い母音を表しているつづりです。

☞

つづりと発音についての理解を深めるための情報が、やや詳しく書かれています。項目については 8 ページを参照。

□□□ （チェック欄）

単語のブロックの先頭に、チェック欄がついています。そのあとに並んでいる単語を読んで意味を確認したら、チェックを入れましょう。

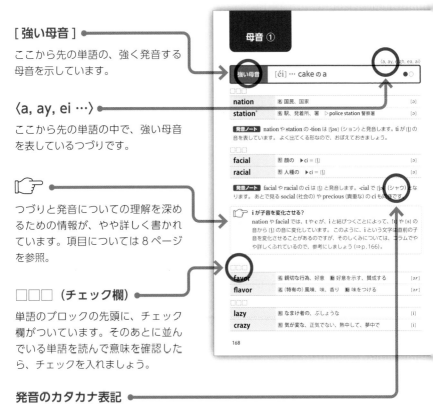

発音のカタカナ表記

ときおり、カタカナによる発音表記がありますが、これは発音を大ざっぱに伝える補助的なものです。より正確な発音については、音声や発音記号で確認するようにしましょう。

「＊」のマークの付いている単語は、当社の『中学英単語 1800』に収録されている語です。語彙のレベルの目安として利用してください。

❶音声アプリ「きくもん」を
ダウンロード

（くもん出版）

1 くもん出版のガイドページにアクセス
2 指示にそって、アプリをダウンロード
3 アプリのトップページで、『音でつながる英単語 4000』を選ぶ

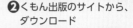

❷くもん出版のサイトから、
ダウンロード

音声ファイルをダウンロードすることもできます。

※「きくもん」アプリは無料ですが、ネット接続の際の通信料金は別途発生いたします。

音声は次の 2 つの種類があります。目的に合わせてご利用ください。
［発音確認用］1ブロックごとに、ネイティブ音声を聞いて、単語の発音を確認します。
［発音練習用］1ブロックごとに、ネイティブ音声のあとに続いて、自分で発音します。
あるいは、自分が先に発音し、ネイティブ音声を聞いて確認します。

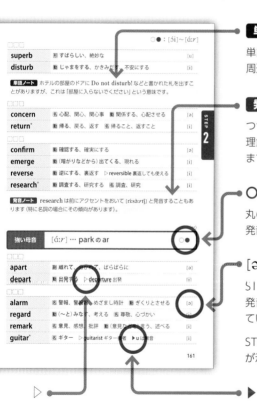

単語ノート

単語に関するさまざまな追加情報や周辺情報が載っています。

発音ノート

つづりと発音についての注意事項や、理解を助けるための情報が載っています。

○●

丸の数は母音の数を、赤い丸は強く発音する母音の位置を示しています。

[ə] [ər] [i] [æ] …

STEP2 では、各行の末尾に、「弱く発音する母音」が発音記号で示されています。

STEP3 以降は、単語全体の発音記号が示されています。

▷

さまざまな派生表現や関連する表現が載っています。

▶

発音に関する注記です。単語を読むときの参考にしましょう。

使い方に関する Q&A

Q 発音記号もカタカナもないのに、自分で読むの？

A この本では、**つづりを見て自分で発音してみること**が大切です。最初は発音が不完全でもいいので、説明を読んで、自力で発音しましょう。少しずつ、**つづりを読むことに慣れる**ことができます。

だいじなことは、つづりを読むことで、発音記号を読むことではありません。

Q なぜ2回目以降は「ランダムに」読むの？

A この単語集では、「**つづりが読みやすくなるように**」「**発音しやすくなるように**」単語が並んでいます。言いかえると、「**親切すぎる**」配列になっています。

ですから、2回目以降は、その「親切さ」から少し離れて読んでみましょう。そのほうが、**本当に力がついたかどうか**試すことができるでしょう。

Q 発音に自信がないので、先に音声を聴きたいけど？

A 最初から音声を聴きながら学習すると、**音に頼ってしまい、つづりに対する集中力が失われて**しまいます。

また、自分で読んだあとで音声を聴くと、「あっ、ここはそう発音するんだ！」というように、**自分の発音の修正点も見つけやすい**でしょう。

Q 「*」のついた中学学習語だけを先に学習したら？

A 学習する単語は、**多いほうが、音やつづりの共通性・規則性がよく見えてきて**、単語を「読む」ことがおもしろくなってきます。

そして、読んでみると、**中学学習語以外の単語の中にも、知っている単語がたくさんある**ことに気づくと思います。私たちは、日頃からいろいろな形で英語に接しているからです。

全部をすぐに覚えられなくてもいいので、とにかく**たくさんの英単語に接することが、英単語に親しむ近道**です。

Q 例文集は、なぜ本とは別になっているの？

A 単語集には、ふつう各単語に例文がついていますが、この本では**単語の音と意味に集中する**ために、例文をまったくのせていません。

しかし、3000以上もの単語を覚えたら、**使ってみたくなりますし、次のチャレンジへの準備をしたくなります。** 例文集はそのための、トレーニングジムのようなものです。

Q 音声の利用法は、発音チェックのほかにもある？

A どのように利用してもいいのですが、例えば、ひと通り学習したあとで、復習に利用してはどうでしょうか。**読み上げられる単語を聴き取って、意味がわかるかどうか**を確認してもいいですし、書き取りをしてもいいでしょう。

1語ずつ、**ネイティブの音声と交互に発音しながら、発音をみがく**こともできます。

Q 例文集は、何のためにあるの？ いつ使うの？

A 例文集の役割は、**単語を覚えたかどうかの確認**だけではありません。次のチャレンジ、例えば、「読解力をつける」「資格試験を受ける」「仕事で英語を使う」といった**新たなチャレンジへの「橋渡し」**をすることです。

例文は本書の収録語を使って書かれているので、**全単語をひと通り学習し終えてから読む**ようにしましょう。

Q この単語集を1冊学習すると、何ができるの？

A だいじなことは、1人1人が英語を使って何をしたいかです。

「単語」と「発音」は、単純そうに見えて、意外に学習しにくい分野です。しかし、そこをしっかり固めると、自信がつきますし意欲もわいてきます。

この本の役割は、1人1人が**英語を使って何かをするための基盤をつくり、その先の選択肢を広げる**ことです。

発音について

「発音」に関しては、初めから完ぺきである必要はありませんが、本文中の解説やダウンロードした音声なども参考にしながら、少しずつ英語らしい発音に近づいていきましょう。以下のような「ミニ情報」も参考にしてください。

＊本書の英単語の発音は、アメリカ発音に基づいています。また、アメリカ発音が複数ある場合、できるだけ 1 つに絞って提示し、必要な場合は注記をしています。

STEP 1

母音が1つの単語

1526語

ここでは、母音が1つだけの単語を、母音ごとに学習していきます。それを通じて、単語を覚えるだけでなく、英語のつづりと発音の基本についても学ぶことができます。

*本書では「母音の数」で単語を分けていますが、その数は「音節の数」と一致しているとは限りません。音節の中には、子音によってつくられるものもあります。

●ここで扱う単語は母音が1つなので、発音は次のどれかになります。

〈子音＋母音＋子音〉	dog (犬)、name (名前)、street (通り)
〈子音＋母音〉	sea (海)、blue (青い)、toy (おもちゃ)
〈母音＋子音〉	eat (食べる)、old (年とった)、age (年齢)
〈母音〉だけ	I (私は)、eye (目)、ear (耳)

＊子音は1つとは限らず、2つ以上の子音が連続することもあります。

●ここでは、単語を学習しながら、1つ1つの母音を集中して学習します。
　子音だけが変化していくので、子音の発音にも慣れることができます。

●次の4つの子音字 (＝子音を表す文字) については注意が必要です。
　通常の発音をする場合は特に表示はありませんが、下の表に示したような〈発音表示〉がある場合は、別の発音になります。

子音字	通常の発音	発音表示	別の発音	例
s	[s] (ス)	〈▶s = [z]〉	[z] (ズ)	rose (バラ)
th	[θ] (ス)	〈▶th = [ð]〉	[ð] (ズ)	that (あれ)
g	[g] (グ)	〈▶g = [dʒ]〉	[dʒ] (ジ)	gentle (優しい)
ch	[tʃ] (チ)	〈▶ch = [k]〉	[k] (ク)	school (学校)

＊このほかにも、「▶」の表示により、発音上の注意点が示されます。

●次の点については、ルールとしておぼえておきましょう。
　初めて出てくるときは説明がありますが、それ以降は、注記はありません。

c は、e, i, y の前では [s] の音になります。それ以外は [k] の音を表します。
〔例〕　cell (細胞)、face (顔)、city (都市)、cycle (周期)

語末の ge と dge は [dʒ] (ジ) と発音します。末尾の e は発音しません。
〔例〕　large (大きい)、page (ページ)、bridge (橋)、judge (判断する)

同じ子音を表す文字が2つ続くときは、1つだけ発音します。
〔例〕　egg (卵)、class (クラス)、black (黒い)、scene (場面)

母音 ①

アルファベット読みする
a, i, o, e, u

a, b, c, d, …のアルファベット読みは、「エイ・ビー・スィー・ディー…」ですが、単語の中の母音字 (a, i, o, e, u) を、この読み方で発音することがあります。

1 cake の a … [éi]

cake (ケーキ) の ca は、「カ」でも「ケー」でもなく、「ケイ」と発音します。これは a を「エイ」と発音するからです。cake の a のように、あとに〈子音字 + e〉がくるとき、a はアルファベット読み (=エイ・ビー・スィー…) の「エイ」の音 (発音記号は [éi]) になります。

□□□

bake*	動 (パンなどを) 焼く ▷bakery ベーカリー
cake*	名 ケーキ、(平たい) かたまり ▷rice cake おもち
fake	名 にせもの、インチキ
lake*	名 湖
flake	名 うすいかけら、フレーク ▷cornflakes コーンフレーク
make*	動 作る、得る、生じさせる
sake	名 ため、目的 ▷for the sake of ~ [for ~ 's sake] ~のために
take*	動 持っていく、連れていく、手にとる、とる
wake*	動 目がさめる、目をさまさせる
shake*	動 振る、ゆさぶる、震える ▷shake hands 握手する
snake*	名 ヘビ
brake	名 (車などの) ブレーキ 動 ブレーキをかける

発音ノート ①単語が〈子音字 + e〉で終わるとき、ふつう語末の e は発音しません。大切なルールなので、おぼえておきましょう。② shake の sh は、ローマ字でも使うつづりで、[ʃ] (シ) の音を表します。

□□□

date*	名 日付、期日、デート 動 日付を書く、デートする
fate	名 運命、宿命

[éi]

gate*	图 門、出入り口、ゲート
hate*	動 憎む、ひどく嫌う　图 憎しみ
late*	形 遅い、遅れた　副 遅く、遅れて
plate*	图 取り皿、皿、表札、金属板
mate	图 (対になるものの) 片方、片割れ、仲間
rate*	图 割合、率、速度　動 評価する、格付けする
skate*	動 スケートをする　图 (ふつう skates で) スケート靴
state*	图 状態、様子、国家、州　動 はっきり述べる

単語ノート mate は「仲間」の意味では、しばしば複合語として使われます。classmate (クラスメート)、teammate (チームメート)、roommate (ルームメート) などがあります。

fame	图 名声　▷famous 有名な
game*	图 ゲーム、試合、遊戯、(猟の) 獲物
name*	图 名前　動 名づける、名を言う
same*	形 同じ、同一の　代 同じもの
tame	形 飼いならされた　動 飼いならす
shame	图 恥、恥ずかしさ、恥となること
blame	動 (人を) とがめる、責める
flame	图 炎、火炎　動 燃え上がる
frame	图 わく、フレーム、骨組み　動 組み立てる

ace	图 (トランプの) エース、(野球の) 主力投手
face*	图 顔、表面　動 面する、直面する、直面させる
lace	图 ひも、レース　動 ひもでしめる

place[*]	图 場所、土地、地位　動 置く
pace	图 速さ、ペース、歩調
space[*]	图 空間、宇宙、スペース　▷spaceship 宇宙船
race[*]	图 人種、種族、競走、レース　動 競走する
grace	图 上品さ、優雅さ
trace	動 跡をたどる、（図面などを）なぞる　图 跡、形跡

発音ノート c はふつう [k]（ク）の音を表しますが、すぐあとに e, i, y の文字がくるときは [s]（ス）の音になります。e を発音しない場合も、このルールは変わりません。なお、次の 4 つの語の -ase も、上の -ace と同じ発音になります。

□□□

base[*]	動 基礎をおく、基づかせる　图 基礎、土台、（野球の）ベース
case[*]	图 場合、事件、実例、入れ物、ケース
vase	图 花びん、つぼ
chase	動 追いかける　图 追跡　▷car chase カーチェイス

発音ノート chase の ch は、ローマ字でも使うつづりで、ふつう [tʃ]（チ）の音を表します。

□□□

gaze	動 見つめる、じっと見る　图 じっと見ること
maze	图 迷路
phase	图 段階、相、局面、フェーズ　▶s = [z]
phrase[*]	图 句、フレーズ、慣用句、ことばづかい　▶s = [z]

発音ノート ① ph のつづりは [f]（フ）の音を表します。② s は [s]（ス）の音になるときと [z]（ズ）の音になるときがあります。STEP 1 ～ 2 では、[z] になる場合、かならず〈▶ s = [z]〉の表示があります。

□□□

cave*	名 ほら穴、洞窟
save*	動 救う、助ける、貯蓄する、節約する
wave*	名 波、手を振ること　動 (手などを) 振る
shave	動 ひげをそる、そる　▷shaved ice かき氷
slave	名 奴隷
brave*	形 勇敢な、勇気のある　▷bravely 勇敢に
grave	形 重大な、深刻な　名 墓

□□□

fade	動 徐々に消えていく　▷fade out フェードアウトする
shade*	名 陰、日陰、日よけ、色合い
blade	名 刀身、刃、(草の) 葉
spade	名 (土を掘る) すき、(トランプの) スペード
grade*	名 等級、学年、段階、成績
trade*	名 商業、貿易　動 売買する、取引する、交換する

□□□

male*	形 男性の、(動植物が) おすの　名 男性、おす
pale	形 顔色が悪い、青白い、(色が) 淡い
sale*	名 販売、特売　▷salesman 男性販売員
tale	名 話、物語
whale*	名 クジラ
scale	名 規模、スケール、目盛り、はかり、(地図などの) 縮尺

発音ノート wh のつづりは、ふつう、つづりとは逆に [hw] (ホウ) と発音します。ただし、しばしば [h] が消えて [w] (ウ) になります。

□□□

| cape | 名 岬、(そでのない短い) ケープ |

15

tape	名 テープ　動 テープに録音〔録画〕する
shape[*]	名 形、物のすがた、状態、調子　動 形作る
grape[*]	名 ブドウ（▷1 粒をさすため、ふつう複数形で使う）

□□□

lane	名 車線、レーン、小道
plane[*]	名 飛行機（= airplane）、平面　▷paper plane 紙飛行機
crane	名 ツル（鳥）、クレーン、起重機　▷paper crane 折り鶴

□□□

age[*]	名 年齢、時代　動 年をとる
cage[*]	名 鳥かご、（動物の）おり
page[*]	名 ページ　▷home page ホームページ
wage	名 （ふつう wages で）賃金、給料
stage[*]	名 段階、舞台、ステージ

発音ノート　g は、[g]（グ）の音になるときと [dʒ]（ジ）の音になるときがありますが、語末の -ge は [dʒ] の音になります（e は無音）。ただし、次に見るように語末が -gue のときは [g] の音になります（ue は無音）。

□□□

| **vague** | 形 はっきりしない、ぼんやりした、あいまいな　▶gue－[g] |
| **plague** | 名 疫病、伝染病、ペスト　▶gue＝[g] |

□□□

| **safe**[*] | 形 安全な、安心な　名 金庫 |
| **bathe** | 動 入浴する、水にひたす　▶th＝[ð] |

発音ノート　th のつづりは、[θ]（ス）の音になるときと [ð]（ズ）の音になるときがあります。STEP 1〜2 では、[ð] になる場合、かならず〈▶ th＝[ð]〉の表示があります。なお、[θ] と [ð] の発音については 22 ページを参照。

16

STEP 1

□□□

haste	名 急ぐこと、せくこと　▷in haste 急いで
paste	名 練り粉、のり、ペースト　▷toothpaste 練り歯みがき
taste*	名 味、味覚、好み　動 味見をする、(〜の) 味がする
waste*	動 むだに使う、浪費する　名 浪費、廃棄物

発音ノート 語末の〈子音字 + e〉では、子音字が 1 つではなく、2 つ続くことも あります (上の場合は st で、下の場合は ng)。

□□□

range	名 範囲、領域　動 (ある範囲に) およぶ
strange*	形 奇妙な、見知らぬ、不案内な
change*	動 変える、交換する、変わる　名 変化、つり銭

□□□

able*	形 できる、有能な　▷be able to 〜 〜できる
cable	名 太綱、ケーブル　▷cable car ケーブルカー
fable	名 寓話
table*	名 テーブル、食卓
stable	形 安定した、しっかりした

単語ノート 有名な寓話集『イソップ物語』は Aesop's Fables といいます。 Aesop の発音は [íːsɑp] (イーサップ) です。

☞ **table の発音は「テイボ」?**
　　table のように、語末が〈子音字 + le〉の単語は、発音に注意が必要です。 e は無音ですが、l は、後ろに母音がない場合、「ル」というより、母音の 「ウ」や「オ」に近い音になるため (⇒p.46)、table だと、「テイブゥ」や 「テイボ」に近い発音になります。

□□□

maple	名 カエデ、モミジ

語末の [l] の音は、母音に近い性質をもっているため、直前の子音（maple の場合は [p]）とともに「音節」（＝音のまとまり）を形成します。したがって、これらの単語は、母音は 1 つですが、音節は 2 つです。

> ここまで、a のあとに〈子音字＋ e〉がくる形を見てきましたが、これ以外に ai というつづりも、しばしば [éi] という音を表します。

□□□

fail*	動 失敗する、怠る、〜しそこなう
hail	名 あられ、ひょう　動 あられが降る、ひょうが降る
jail	名 刑務所、留置場
mail	名 郵便物、郵便（制度）　動 郵送する
nail	名 （手足の）爪、くぎ、びょう　動 くぎ〔びょう〕で留める
snail	名 カタツムリ
rail	名 手すり、横木、レール、鉄道　▷guardrail ガードレール
trail	名 通った跡、跡、道　動 引きずる、跡をつける
sail*	動 （船が）航行する、航海する　名 帆、航海
tail*	名 尾、しっぽ

上に並んでいる単語は、つづりは違いますが、15 ページ下の male から scale までの単語と韻を踏んでいます。以下も同様に、つづりは違っていても、前に出てきた単語と韻を踏んでいる場合があります。

□□□

gain	動 （利益などを）得る、手に入れる、増す　名 利益
main*	形 おもな、主要な　▷mainly おもに
pain*	名 痛み、苦痛
Spain*	名 スペイン
rain*	名 雨　動 雨が降る

STEP
1

brain[*]	名 脳、頭脳
drain	動 排水をする、排水される ▷drainpipe 排水管
grain	名 (穀物・砂などの) 1粒、(集合的に) 穀物
train[*]	名 列車、列 動 (人や動物を) 訓練する
strain	動 (筋肉・神経などを) 緊張させる、痛める 名 緊張、過労
vain	形 むだな、無益な ▷in vain むだに、無益に
chain[*]	名 鎖、チェーン、連鎖、チェーン店
plain[*]	形 簡素な、質素な、率直な、明白な 名 平地、平野
stain	名 よごれ、しみ、汚点 動 よごす、着色する

単語ノート 「プレーンヨーグルト」の「プレーン」は plain です。また、「ステンドグラス」の「ステンド」は stained (着色された) です。

☐☐☐

faint	形 かすかな、弱々しい 動 失神する 名 失神
paint[*]	動 ペンキをぬる、(絵の具で) 描く 名 ペンキ、絵の具
saint	名 聖人、聖者 (▷人名の前ではしばしば St. と略す)、高徳の人

☐☐☐

| **aim** | 名 ねらい、目標 動 (目標などを) ねらう |
| **claim** | 動 主張する、要求する 名 要求、請求、権利 |

☐☐☐

| **aid** | 名 援助、助けになるもの 動 援助する |
| **maid** | 名 お手伝い、メイド |

☐☐☐

| **raise**[*] | 動 上げる、持ち上げる、育てる 名 昇給 ▶s = [z] |
| **praise** | 動 ほめる、称賛する 名 ほめること、称賛 ▶s = [z] |

□□□

wait*	動 待つ
straight*	形 まっすぐな　副 まっすぐに、直接に　▶gh は無音

発音ノート straight のように、語末が -ght のとき、gh は発音されません。 あとで見る eight (8) や fight (戦う) なども同様です。

□□□

faith	名 信頼、信用、信仰　▷faithful 忠実な
waist	名 腰 (のくびれた部分)、ウエスト

発音ノート STEP 1〜2 では、〈▶ th = [ð]〉の注記がないときは、th のつづりは [θ] (ス) の音を表します。

> この [éi] という音が語末にくるときは、しばしば ay というつづりで表されます。ai のつづりが語末にくることはまれで、本書には出てきません。

□□□

bay	名 湾、入り江
day*	名 日、昼間、時代
lay*	動 横にする、敷く、置く、(卵を) 産む
clay	名 粘土
play*	動 遊ぶ、プレーする　名 劇、遊び
may*	助 〜かもしれない (推量)、〜してもよい (許可)
May*	名 5 月
pay*	動 払う、支払う　名 給料　▷payday 給料日
ray	名 光線、放射線、〜線　▷X-ray エックス線
gray*	名 灰色、グレー　形 灰色の
pray	動 祈る、祈願する　▷prayer 祈り
tray	名 盆、トレー
stray	動 道に迷う　形 道に迷った　▷stray sheep 迷える羊

say*	動 言う、述べる
way*	名 道、道順、やり方
stay*	動 とどまる、いる、滞在する、泊まる　名 滞在

> この [éi] の音を、ei や ey というつづりで表すこともあります。ei の後ろにはしばしば無音の gh がついて、eigh になります。ey は語末で使われます。

□□□

veil	名 ベール、さえぎるもの

□□□

eight*	名 8、8つ　形 8の、8つの　▶gh は無音
weight*	名 重さ、体重　▶gh は無音

□□□

weigh	動 重さを量る、〜の重さがある　▶gh は無音
sleigh	名 そり　▶gh は無音

単語ノート サンタクロース (Santa Claus) が乗っている「そり」は、この sleigh です。「ジングルベル」の歌の中にも出てきます。

□□□

eighth*	形 8番目の、第8の　名 8番目　▶gh は無音

発音ノート eighth という語は、eight に「序数」をつくる -th がついたものです。語末の -th は、つづりの上では t は1つですが、発音は [tθ] (「ツ」に近い音) です。ただし、つづりどおりに [θ] と発音することもあります。

□□□

hey*	間 やあ、おい（▷よびかけ）
they*	代 彼らは、彼女らは、それらは　▶th = [ð]
prey	名 えじき、獲物

このほか、ea というつづりが [éi] の音を表すこともあります。ただし、ea は「イー」の音を表すのがふつうで (⇒p.41)、[éi] の音を表すのは例外的です。

break*	動 こわす、割る、折る、やぶる
steak	名 ステーキ

great*	形 大きい、偉大な、りっぱな、すばらしい

☞ **注意すべき子音① f と v は「歯」で発音する?**

f と v は日本語にはない音で、発音には注意が必要です。f と v の発音のしかたはほとんど同じで、ポイントになるのは「上の歯の位置」です。上の歯を軽く「下くちびる」にあてて、すき間から、フッと「息だけ」を押し出すと f の音になります。そして、声帯を使って「声も出す」と v の音になります。歯を下くちびるにあてなくても f に近い音 (=日本語の「フ」) は出ますが、v の音を出すのは難しいでしょう。

☞ **注意すべき子音② th の発音は「舌」をかむ?**

th の表す音も日本語にはなく、発音するのが難しい音です。この音を出すポイントは「舌の先の位置」です。舌の先を上下の歯の間に軽くはさむようにして、「息だけ」を押し出すと、「ス」に近い音が出ます。これが faith (信頼) の th の音 (発音記号は [θ]) です。そして、声帯を使って「声も出す」と、「ズ」に近い音になります。これが bathe (入浴する) の th の音 (発音記号は [ð]) です。

2 rice の i … [ái]

STEP 1

[rice（米）の ri は、「リ」ではなく「ライ」と発音します。rice の i のように、あとに〈子音字＋ e〉がくるとき、i はアルファベット読み（＝エイ・ビー・スィー…）の「アイ」の音（発音記号は [ái]）になります。]

☐☐☐

ice*	图 氷、氷菓子　▷ ice cream アイスクリーム
dice	图 サイコロ
nice*	形 すてきな、おいしい、親切な
rice*	图 米、ごはん
price*	图 ねだん、価格、代償、（prices で）物価
slice	图 ひと切れ　動 うすく切る
spice	图 薬味、香辛料、スパイス　▷ spicy 薬味のきいた
twice*	副 2 度、2 回、2 倍

☐☐☐

dine	動 ディナーを食べる、食事をする　▷ dining room 食堂
fine*	形 元気な、すばらしい、すぐれた　图 罰金　動 罰金を科す
line*	图 線、列、（文章の）行、方針
mine*	代 私のもの　图 鉱山
nine*	图 9、9 つ　形 9 の、9 つの　▷ ninth 9 番目の
pine	图 松
vine	图 ぶどうの木、つる
wine	图 ワイン、ぶどう酒
shine*	動 輝く、光る、照らす、みがく　图 輝き
shrine*	图 神社、聖堂

hide*	動 隠す、隠れる
ride*	動 (馬・自転車などに) 乗る　名 乗ること
bride	名 花嫁　▷bridegroom 花婿
pride	名 自尊心、誇り、うぬぼれ、誇りとするもの
side*	名 側、側面、わき　▷side dish 添え料理
tide	名 潮、潮の干満、潮流、傾向、時流
wide*	形 幅の広い、幅が〜で　副 広く
slide	動 すべる、すべるように動く　名 すべり台
guide*	動 案内する　名 案内人、案内書、ガイド　▶u は無音

発音ノート　guide のように、語頭の gu のあとに母音字がくるとき、u は発音されません。guest (招待客) や guard (警備員) なども同様です。

bite*	動 かむ、かみつく、(蚊などが) 刺す
kite*	名 たこ (凧)
site*	名 敷地、用地、場所、(ネットの) サイト
write*	動 書く、手紙を出す　▶w は無音
white*	形 白い　名 白
quite*	副 まったく、完全に、かなり、とても
spite	名 (in spite of 〜 で) 〜にもかかわらず

発音ノート　① write のように、語頭が wr- のとき、w は発音しません。あとで見る wrap (包む) や wrist (手首) なども同様です。② quite の qu- は [kw] (クウ) と発音します。語頭の qu- はつねに [kw] と発音します。あとで見る queen (女王) や quick (速い) なども同様です。

file	名 ファイル、とじ込み、書類　動 ファイルする

mile*	名 マイル（▷およそ 1609 メートル）
smile*	動 ほほえむ　名 ほほえみ
pile	名 (積み上げた) 山、積み重ね　動 積み重ねる
tile	名 タイル、かわら
while*	接 〜する間に、〜なのに　名 しばらくの間

□□□

bike*	名 自転車
hike*	動 ハイキングをする　名 ハイキング　▷hiker ハイカー
like*	動 好きだ、好む　前 〜のような、〜のように
mike	名 マイク、マイクロフォン
strike	動 打つ、たたく　名 ストライキ、打つこと、ストライク

□□□

rise*	動 昇る、増す　▶s = [z]
wise*	形 賢い、賢明な　▶s = [z]
size*	名 大きさ、サイズ
prize*	名 賞、賞品

□□□

dive	動 飛び込む、水にもぐる　▷diver ダイバー
five*	名 5、5つ　形 5の、5つの
live¹	形 生きている、生の、ライブの　副 生で、ライブで
drive*	動 運転する、(人を) 車で送る、ドライブする　名 ドライブ

発音ノート live には動詞として「生きる、住む」の意味があり、その場合は「リヴ」と発音します。i は [ái] (アイ) ではなく [í] (イ) と発音します (⇒p.73)。

□□□

pipe	名 管、パイプ、管楽器　▷water pipe 水道管

ripe	形 熟した	
stripe	名 すじ、しま、しま模様 ▷striped しま模様の	
wipe	動 ふく、ふき取る ▷wiper ワイパー	

□□□

time[*]	名 時、時刻、時間、時期、時代、〜回、〜倍
chime	名 (教会などの) 鐘、(玄関などの) チャイム、鐘の音
crime	名 罪、犯罪
prime	形 第一の、最も重要な ▷prime minister 総理大臣

□□□

life[*]	名 人生、一生、生活、生命、生き物
wife[*]	名 妻 ▷housewife 主婦
knife[*]	名 ナイフ ▶k は無音

発音ノート knife のように、語頭が kn- のとき、k は発音しません。 あとで見る know (知っている) や knee (ひざ) なども同様です。

□□□

rifle	名 ライフル銃
trifle	名 取るに足りないこと、ささいなこと、少量、ちょっと

発音ノート これらの語では、i のあとに〈子音字＋le〉の形がきています。 発音には注意しましょう (⇒p.17)。 次の3語も同様です。

□□□

idle	形 働いていない、(何もしないで) 遊んでいる 動 遊んでいる
Bible	名 (キリスト教の) 聖書
title[*]	名 題名、タイトル、称号、肩書き、選手権

STEP
1

あとにくる形が〈子音字+ e〉ではない場合でも、i を [ái] と発音することがあります。 よく見るものとしては、i のあとに nd や ld が続く形があります。

□□□

bind	動 しばる、束ねる、結びつける　▷binder バインダー
find*	動 見つける、発見する、知る、わかる
kind*	形 親切な、優しい　名 種類
mind*	名 心、精神、知力、意見　動 気にする、いやだと思う
wind¹	動 巻く、曲がりくねる
blind*	形 目の見えない　名 ブラインド、日よけ
grind	動 ひいて粉にする、くだく、(刃物を)とぐ

発音ノート　「巻く」を意味する wind の i は [ái] (アイ) と発音しますが、あとで学習する「風」を意味する wind の i は [í] (イ) と発音します。

□□□

mild	形 穏やかな、厳しくない
wild*	形 野生の、自然のままの、荒れた、乱暴な
child*	名 子ども、(親に対して)子

□□□

| **I*** | 代 私は |
| **hi*** | 間 やあ、こんにちは (▷hello よりもくだけた言い方) |

□□□

| **sign*** | 名 記号、標識、合図、前ぶれ　動 署名する　▶g は無音 |
| **climb*** | 動 登る、よじ登る　▶b は無音 |

発音ノート　① sign のように、語末が -gn のとき、g は発音しません。 あとで見る design (デザイン) なども同様です。 ② climb のように、語末が -mb のとき、b は発音しません。 あとで見る thumb (親指) なども同様です。

i のあとに無音の gh がついた igh のつづりで [ái] の音を表すこともあります。しばしば後ろに t のついた ight の形で使います。

□□□

fight[*]	🎬 戦う、けんかをする　🔡 戦い、けんか
light[*]	🔡 光、明かり　🎬 火をつける、明かりをつける　📐 軽い
flight[*]	🔡 飛ぶこと、飛行機旅行、飛行便、フライト
slight	📐 わずかな、少しの
might[*]	🔡 力　🎬 ～かもしれない（▷may の過去形）
night[*]	🔡 夜
knight	🔡 騎士　▶k は無音
right[*]	📐 正しい、適当な、右の　🔡 権利、右　📢 右に
bright[*]	📐 明るい、輝いている、頭のいい
sight[*]	🔡 視力、光景、見ること、視界
tight	📐 きつい、ぴんと張った　▷tightly きつく

発音ノート 語末が -ght のとき、gh は発音しません。また、次のように語末の -gh を発音しないこともあります。なお、語末の -gh は、あとで見る laugh（笑う）のように、[f]（フ）と発音することもあります。

□□□

high[*]	📐 高い、高さが～で　▷high school 高等学校
sigh	🎬 ため息をつく　🔡 ため息

□□□

height	🔡 高さ、身長、（しばしば heights で）高地、高台　▶gh は無音

発音ノート height（高さ）は high（高い）の名詞形で、例外的に ei を [ái] と発音します。ちなみに weight（重さ）の ei は [éi] と発音します。

28

STEP
1

このほかに、ie のつづりが [ái] の音を表すこともあります（e は無音）。
語末で使われる形で、数は多くありません。

□□□

die*	動 死ぬ
lie¹	名 うそ　動 うそを言う
lie²*	動 横になる、横たわる、位置する、ある
pie*	名 パイ（食べ物）
tie*	名 ネクタイ　動 結ぶ

この [ái] の音を、i ではなく y の文字で表すこともあります。しばしば語
末で使いますが、語の途中で使うこともあります。

□□□

by*	前 ～によって、～で、～のそばに、～までに　副 通り過ぎて
my*	代 私の
shy*	形 内気な、はずかしがりの
why*	副 なぜ
sky*	名 空
fly*	動 飛ぶ、飛行機で行く、飛ぶように過ぎる　名 ハエ
spy	名 スパイ　動 ひそかに見張る、スパイする
cry*	動 泣く、叫ぶ　名 泣き声、叫び声
dry*	形 かわいた、雨の降らない　動 かわかす、かわく
fry	動 油でいためる
try*	動 試す、努力する

□□□

| buy* | 動 買う　▶u は無音 |
| guy | 名 ～な男、やつ　▷nice guy いいやつ　▶u は無音 |

bye[*]	間 じゃあね、ではまた（= good-bye）
dye	動 染める　名 染料
eye[*]	名 目（▷特殊なつづり。全体で [ái] と発音する）
rye	名 ライ麦

発音ノート このように、語末に無音の e がつくこともあります。なお、by （〜によって）、buy（買う）、bye（じゃあね）の 3 語は同音です。

type[*]	名 型、タイプ　動 キーボードで打つ
rhyme	名 韻、韻を踏むこと、同韻語　動 韻を踏む　▶h は無音
style[*]	名 やり方、様式、型、流行型　▷lifestyle 生活様式、生き方
cycle[*]	名 周期、循環　動 自転車に乗る　▷cycling サイクリング

STEP 1

3   hope の o … [óu]

hope（希望）の ho は、「ホ」でも「ホー」でもなく、「ホウ」と発音します。hope の o のように、あとに〈子音字＋e〉がくるとき、o はアルファベット読みの「オウ」の音（発音記号は [óu]）になります。

☐☐☐

cope	動（問題などを）うまく処理する、対処する
hope＊	名 希望、望み、期待　動 希望する、望む
rope＊	名 なわ、ロープ
slope	名 坂、斜面

発音ノート [óu] を発音するときは、日本語の「オ」より口を丸くすぼめて「オ」といい、軽く「ウ」をそえます。

☐☐☐

bone＊	名 骨
tone	名（声や楽器の）調子、音色、口調
stone＊	名 石、小石
zone	名 地帯、区域、（熱帯、寒帯などの）帯
phone＊	名 電話　動 電話をかける
clone	名 クローン、そっくりなもの
drone	名 ドローン、無人航空機

☐☐☐

hole＊	名 穴
pole	名 棒、柱、さお、（北極、南極などの）極、極地
role＊	名 役割、役目、（役者の）役
sole	形 唯一の、ただ1つの、単独の（▷only より強い語）

| whole* | 形 全体の、まるごとの 名 全体、全部 ▶wh = [h] |

発音ノート wh はふつう [hw] または [w] と発音しますが (⇒p.15)、whole のように、すぐあとに o がくる場合は [h] の音になります。あとで見る who (だれ) や whose (だれの) なども同様です。

□□□

joke*	名 冗談、しゃれ 動 冗談を言う
smoke*	動 タバコを吸う 名 けむり、霧
stroke	名 一撃、打撃、ひと動作、ストローク、(病気の)発作

□□□

note*	名 短い手紙、メモ、注 動 書き留める、注意する
vote*	動 投票する 名 投票
quote	動 引用する、引き合いに出す

□□□

| code | 名 暗号、記号、コード、(社会や組織の)規律 |
| mode | 名 方法、様式、気分、流行、モード |

□□□

| dome | 名 丸屋根、丸天井、半球状のもの |
| home* | 名 家庭、わが家、故郷 副 家へ、家に、故郷へ |

□□□

nose*	名 鼻、突出部 ▶s = [z]
pose	動 ポーズをとる 名 ポーズ、姿勢、気どった態度 ▶s = [z]
rose*	名 バラ、バラの花 ▶s = [z]
those*	代 あれら、それら 形 あれらの、それらの ▶th = [ð], s = [z]
close¹*	動 閉じる、閉める、閉まる、終わる ▶s = [z]
clothes*	名 (集合的に)衣服 (▷複数扱い) ▶s = [z]

STEP
1

発音ノート clothes は複数形の名詞で、th の音はしばしば省かれ、close¹ と同音になります。 ただし、省かずに [klóuðz] と発音することもあります。

□□□

close²*	形 接近した、親しい、綿密な　副 接近して
globe	名 地球、世界、地球儀、球体　▷global 地球全体の
noble	形 気高い、崇高な、高貴な、貴族の

発音ノート close¹ (閉じる) の s は [z] (ズ) ですが、close² (接近した) の s は [s] (ス) です。 違いに注意しましょう。

あとにくる形が〈子音字＋ e〉ではない場合でも、o を [óu] と発音することがあります。 よく見るものとしては、o のあとに ld や st が続く形があります。

□□□

old*	形 年とった、古い、(年齢が) 〜歳で
bold	形 大胆な、太字の、目立つ
cold*	形 寒い、冷たい　名 かぜ
scold	動 しかる
fold	動 折りたたむ、折り曲げる　▷folder 紙ばさみ、フォルダー
gold*	名 黄金、金、(形容詞的に) 金の
hold*	動 (手に) 持つ、握る、抱く、支える、(会などを) 開く

□□□

host*	名 (客をもてなす) 主人、ホスト、主催者
most*	副 最も　形 最も多くの、ほとんどの　代 大部分
post	名 地位、部署、柱　動 (ビラなどを) はる、(ネットに) 投稿する
ghost	名 幽霊、亡霊　▶h は無音

go*	動 行く、進む、動く、去る、（ものごとが）進行する
no*	副 いいえ、いや　形 少しの〜もない
so*	副 そんなに、それほど、とても、そのように、そう

oh*	間 おお、おや、まあ　▶h は無音
toe	名 足指、つま先　▷toe shoes トウシューズ　▶e は無音

both*	形 両方の　代 両方
comb	名 くし　動 くしでとかす　▶b は無音
folk	形 民間の、民衆の　名 人々、家族　▶l は無音
roll*	動 転がる、転がす、丸める　名 巻いたもの、ロールパン

単語ノート　「フォークダンス (folk dance)」や「フォークソング (folk song)」の「フォーク」は、この folk です。

> このほかに、oa というつづりも [óu] の音を表します。a を発音しないと考えてもいいのですが、よく使われるので、決まった形としておぼえておきましょう。

boat*	名 （一般に）船、ボート、小舟
coat*	名 コート、上着
goat	名 ヤギ（山羊）
float	動 浮かぶ、浮かべる　名 （釣りの）浮き、フロート
throat	名 のど、のど首

単語ノート　float には、名詞として、「アイスクリームを浮かべた飲み物」（＝フロート）の意味もあります。

STEP 1

□□□

loan	图 貸し付け、貸付金、ローン　動 貸す
moan	動 うめく、うなる（▷groan より軽い）　图 うめき声
groan	動 うめく、うなる　图 うめき声

□□□

| coal | 图 石炭 |
| goal* | 图 ゴール、得点、目標 |

□□□

| load | 動 (荷を)積む、弾丸を込める　图 積み荷、荷 |
| road* | 图 道路、道 |

□□□

boast	動 自慢する、鼻にかける　图 自慢の種
coast	图 海岸、沿岸　▷coastal 沿岸の
roast	動 あぶり焼きにする、ローストする　形 ローストした
toast*	图 トースト、乾杯　動 こんがり焼く

□□□

oak	图 オーク（▷カシ、ナラなどの樹木の総称）
loaf	图 パンのひとかたまり　▷meat loaf ミートローフ
soap	图 石けん
coach*	图 コーチ、指導員、（サッカーなどの）監督　動 指導する

> このほかに、ow や ou というつづりが [óu] の音を表すこともあります。
> また、例外的に ew のつづりが [óu] の音を表すこともあります。

□□□

bow¹	图 弓、弓形のもの　▷rainbow 虹
low*	形 低い、（値段が）安い　副 低く
blow*	動 (風が)吹く、息を吹く　图 強打、打撃、痛手

flow	動 (液体などが) 流れる　名 流れ
slow*	形 ゆっくりした、遅れている　動 速度が落ちる、遅くする
row	名 列、並び　動 (舟を) こぐ　▷rowboat 手こぎボート
crow*	名 カラス
grow*	動 成長する、育つ、増大する
throw*	動 投げる
know*	動 知っている、知る　▶k は無音
snow*	名 雪　動 雪が降る　▷snowman 雪だるま
show*	動 見せる、示す、教える
glow	動 白熱して輝く、赤く光る、光を放つ　名 白熱、輝き

発音ノート ow は [áu] (アウ) と発音することもあります (⇒p.105)。「いま」を意味する now の ow は [áu] です。 どちらの場合もよくあるので注意しておぼえるようにしましょう。

☐☐☐

owe	動 借りがある、(人などの) おかげである　▶e は無音
own*	形 自分自身の、独自の　動 所有する　▷owner 所有者
bowl*	名 茶わん、どんぶり、鉢、(料理用の) ボール
growth	名 成長、発達、増加

☐☐☐

soul	名 魂、精神
though*	接 〜だけれども　▶th = [ð], gh は無音

発音ノート ou はふつう [áu] (アウ) と発音します (⇒p.104)。[óu] と発音する単語には、ほかに STEP 2 で習う shoulder (肩) があります。

☐☐☐

sew	動 縫う、ミシンをかける　▷sewing machine ミシン

4 feelのee … [íː]

aやiやoと同じで、あとに〈子音字＋e〉がくるとき、eもアルファベット読みの「イー」の音（発音記号は [íː]）になります。ただし、eの場合、この形は少なくて、eeの形のほうがふつうです。

□□□

theme	图 主題、題目、テーマ、話題　▷theme park テーマパーク
scheme	图 陰謀、たくらみ、計画　動 計画する、たくらむ　▶ch = [k]

発音ノート scheme の ch は [k] と発音します。あとで見る school（学校）の ch なども同様です。

□□□

eve	图 (特別な日の) 前夜、前日、前夜祭
these*	代 これら　形 これらの　▶th = [ð], s = [z]
scene*	图 (劇などの) 場面、景色、光景、眺め　▶sc = [s]

発音ノート scene の sc は、c が e の前なので [s] と発音するため、同じ子音が2つ続く形となります。このような場合は1つだけ発音します。前に見た scale (規模) の sc (発音は [sk]) とは違うので注意しましょう。

feel (感じる) の fee は「フィー」と発音します。feel の ee のように、e が2つ続くときは「イー」の音 (発音記号は [íː]) になります。

□□□

deep*	形 深い　副 深く
keep*	動 保つ、持っている、保存する
weep	動 (涙を流して) 泣く、なげく
sweep	動 掃く、掃除する、一掃する
sheep*	图 ヒツジ (▷複数形も sheep)

sleep*	動 眠る　名 眠り
steep	形 (坂などが) 急な、けわしい
creep	動 忍び寄る、こっそり進む、腹ばいで進む

□□□

deed	名 行為、行動
feed*	動 食物を与える、養う、えさを食う
need*	動 必要とする、(～する) 必要がある　名 必要
seed*	名 種、種子　動 シードする (▷スポーツ用語)
weed	名 雑草　▷seaweed 海藻
bleed	動 出血する
breed	動 (繁殖目的で) 飼育する、(動物が) 子を産む　名 品種
speed*	名 速さ、速度　動 急ぐ、速度を増す

□□□

eel	名 ウナギ
feel*	動 感じる、さわって感じる、感じられる
heel	名 かかと
peel	動 皮をむく　名 皮
kneel	動 ひざまずく　▶k は無音
wheel	名 車輪、(自動車の) ハンドル　動 動かす
steel	名 鋼鉄、はがね

□□□

meet*	動 会う、出会う
sheet*	名 シーツ (▷ふつう上下 2 枚で使う)、1 枚の紙、1 枚
greet*	動 あいさつする、迎える
street*	名 通り、街路、～通り、～街

sweet*	形 甘い、心地よい、（声や音色が）美しい

発音ノート eet（発音は [íːt]）で終わる語としては、これらのほかに、あとで見る foot（足、フィート）の複数形 feet があります。

□□□

keen	形 鋭敏な、鋭い、熱心な
queen*	名 女王、王妃、女王のような人
green*	形 緑の、青々とした　名 緑、草地　▷green tea 緑茶
screen*	名 画面、スクリーン、映画、遮蔽物、仕切り　動 さえぎる

□□□

week*	名 週、1週間
seek	動 探し求める、得ようと努める
cheek	名 ほお

□□□

beef*	名 牛肉
seem*	動 （〜のように）見える、思われる、らしい
speech*	名 演説、スピーチ、話す力、言論

□□□

cheese*	名 チーズ　▶s ＝ [z]
breeze	名 そよ風、微風
freeze	動 凍る、凍らせる、冷凍する
sneeze	動 くしゃみをする　名 くしゃみ
squeeze	動 強く押す、握る、抱きしめる、（果物などを）しぼる

発音ノート このように、ee のあとに〈子音字＋ e〉の形がくることもあります。この場合も、語末の e は発音しません。

□□□

sleeve	名（衣服の）そで
beetle	名 甲虫（▷カブトムシ、クワガタなど）
needle	名 針、縫い針

単語ノート 「カブトムシ」は、角があるところから、rhinoceros beetle といいます。rhinoceros [rainásərəs]（ライナサラス）は動物の「サイ」を意味する語です（サイには角があります）。

□□□

bee[*]	名 ミツバチ
fee	名 料金、入場料、会費、（ふつう fees で）謝礼、報酬
see[*]	動 見る、見える、会う
knee	名 ひざ　▶k は無音
free[*]	形 自由な、ひまな、無料の　副 無料で　動 自由にする
tree[*]	名 木（▷「木材」は wood）
three[*]	名 3、3つ　形 3の、3つの

発音ノート このように、語末が ee になることもあります。また、次のように、例外的に語末の 1 つの e を [íː] と発音することもあります。

□□□

be[*]	動 be 動詞の原形　（▷強調）
he[*]	代 彼は　（▷強調）
me[*]	代 私を、私に　（▷強調）
we[*]	代 私たちは　（▷強調）
she[*]	代 彼女は　（▷強調）

発音ノート これらの語の母音を [íː]（イー）と発音するのは、強調するときです。（▷強調）という表示はそのことを示しています。この表示のある単語は、ふつうは弱い母音で発音します（⇒p.128 〜 131）。

see と she の発音は「シー」？

see (見る) と she (彼女は) を発音記号で書くと [síː] と [ʃíː] です。she の
ほうが発音記号は難しそうですが、私たちにはなじみのある音です。日
本語の「シー」に近いからです。それに対して、see は日本語にはない音
で、あえて書くと「スィー」となります。なお、子音 ([s] の音) を固定し
て「サ行」を書くと、「サ・スィ・ス・セ・ソ」のようになります。それに
対して、「シ」は「シャ・シ・シュ・シェ・ショ」の列に入ります。

[íː] の音を表すつづりとして、ee に負けないくらいによく使われるのが
ea というつづりです。ee との区別に注意しながらおぼえましょう。

☐☐☐

eat*	動 食べる
beat*	動 打ち負かす、打つ、たたく　名 打つこと、拍子
heat*	名 熱、暑さ　動 熱する、熱くなる
meat*	名 肉
neat	形 きちんとした、こざっぱりした
seat*	名 座席、腰かけ　動 着席させる　▷seat belt シートベルト
cheat	動 だます、ごまかす、カンニングをする
wheat	名 小麦
treat*	動 扱う、取り扱う、治療する　名 おごり、楽しみ

☐☐☐

beam	名 光線、輝き、横木、(建物の)はり　動 光を放つ、輝く
team*	名 チーム、仕事仲間、班　▷teammate チームメート
steam	名 蒸気　動 蒸気を出す、蒸す、ふかす
cream*	名 クリーム、クリーム食品〔菓子〕
scream	名 悲鳴　動 悲鳴をあげる
dream*	名 夢　動 夢を見る

stream	名 小川、流れ、傾向　動 流れる

□□□

each*	形 それぞれの、めいめいの　代 それぞれ、各自
beach*	名 浜辺、海水浴場
peach	名 桃、桃の実
reach*	動 着く、届く、達する、(手を)のばす　名 届く範囲
teach*	動 教える

□□□

deal	動 分配する、配る、扱う　名 取り引き
heal	動 (病気や傷を)いやす、いえる
meal*	名 食事
seal	動 封をする、印を押す　名 印、封印、シール、アザラシ
steal*	動 盗む

□□□

leak	動 (水などが)もれる、(秘密などを)もらす　名 もれ
peak	名 山頂、最高点、ピーク
speak*	動 話す
weak*	形 弱い

□□□

bean*	名 豆、(豆に似た)実　▷soybean 大豆
lean	動 寄りかかる、傾く、かがむ
clean*	形 きれいな、清潔な　動 きれいにする、掃除する
mean*	動 意味する、意図する　形 卑劣な、下品な

□□□

heap	名 (積み重なった物の)山、たくさん　動 積み上げる

42

leap	動 跳ぶ、はねる　名 跳ぶこと、飛躍
cheap*	形 安い、安っぽい

□□□

east*	名 東　形 東の　副 東に
beast	名 けもの、人でなし
least*	形 最小の、最も少ない　副 最も少なく　名 最小

単語ノート least は little（小さい、少し）の最上級です。little は less（比較級）− least（最上級）というように、不規則な比較変化をします。

□□□

lead*	動 導く、先導する、先頭に立つ、指揮する
read*	動 読む、読書する

□□□

jeans	名 ジーンズ、ジーパン（▷複数扱い）　▶s =[z]
means	名 手段（▷複数扱い）　▶s =[z]

□□□

cease	動 やめる、中止する、終わる
grease	名 グリース（▷機械にさす油）、獣脂、油
peace*	名 平和，平穏（▷語末は se ではなく ce）

発音ノート このように、ea のあとに〈子音字 + e〉の形がくることもあります し、あとで見るように、語末が ea になることもあります。

□□□

ease	名 容易さ、気楽さ　動 やわらげる、楽にさせる　▶s =[z]
tease	動 からかう、悩ます　▶s =[z]
please*	動 喜ばせる　間 どうぞ　▶s =[z]

| leave* | 動 去る、出発する、離れる、置き忘れる　名 休暇 |
| weave | 動 織る、編む、（クモが巣を）張る |

pea	名（ふつう peas で）エンドウ、エンドウ豆
sea*	名 海、海洋
tea*	名 茶、紅茶

単語ノート　「エンドウ豆」は pea ですが、「大豆」「ソラ豆」「インゲン豆」などの大きめの豆には bean を使います。

leaf*	名（1 枚の）葉、（本の紙の）1 枚
league	名 同盟、連盟、（スポーツチームの）リーグ　▶ue は無音
breathe*	動 呼吸する　▶th = [ð]
eagle	名 ワシ（鳥）、（ゴルフの）イーグル

発音ノート　ea は、[é]（エ）や [éi]（エイ）の音を表すこともありますが、最も多いのはこの [íː] の音です。

> ee や ea ほど多くはありませんが、ie というつづりも [íː] の音を表すことがあります。ei とまぎらわしいので、注意しておぼえましょう。

chief	形 最高位の、主要な　名（団体や組織の）長、主任
thief	名 どろぼう
brief	形 短時間の、簡潔な　名 要約　動 要約する
grief	名 深い悲しみ

| field* | 名 畑、分野、競技場、フィールド（▷トラックの内側） |
| yield | 動 産出する、生む、ゆずる、屈服する |

shield 名 盾、保護する物　動 保護する

> **発音ノート** yield で初めて y が子音として登場しました。日本語の「ヤ行」の音に近く、発音記号は [j] です。この音は、you（あなたは）などでは発音しやすいのですが、後ろに [íː] や [í] がくると発音が難しくなります（⇒ p.123）。

☐☐☐

niece 名 めい　▷nephew おい

piece* 名 1つ、1個、1片、部分、部品、作品

☐☐☐

priest 名（キリスト教の）聖職者、司祭

grieve 動 深く悲しむ

> **発音ノート** ie というつづりは、語末では、pie（パイ）や die（死ぬ）のように、しばしば [ái]（アイ）という音になります（⇒ p.29）。

[[íː] の音を表すつづりは、ほかにも ei, ey, eo, i があります。まれなので、これらについては個別におぼえるようにしましょう。]

☐☐☐

seize 動 つかむ、つかみ取る

> **発音ノート** ei というつづりが [íː] の音を表す単語は、STEP 1 ではこれだけですが、STEP 2 では receive（受け取る）など、いくつか出てきます。

☐☐☐

key* 名 かぎ、手がかり

☐☐☐

people* 名 人々、世間の人々、国民

> **発音ノート** eo というつづりを [íː] と発音するのは例外的で、本書では people だけです。

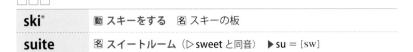

□□□	
ski*	動 スキーをする　名 スキーの板
suite	名 スイートルーム　(▷ sweet と同音)　▶su = [sw]

発音ノート　suite の su は [sw] と発音します。 qu を [kw] と発音するのと同じ
で、u が [w] の音を表します。 なお、i が [íː] の音を表す単語は、 STEP 2 でも
police (警察) など、いくつか出てきます。

 注意すべき子音③　l には 2 つの音がある?

まず、leaf (葉) と言ってみましょう。 「リーフ」の「リ」のところで、舌の
先端が上の歯ぐきにふれて、すぐに離れます。 「子音の [l] から母音に移
る」ときに離れるのです。 このときの音が l の音です。

次に、feel (感じる) と言ってみましょう。 leaf の反対で、「母音から子音
の [l] に移る」ので、舌の先端が歯ぐきにふれたところで終わります。 す
ると、「フィーウ〔オ〕」のような音になりませんでしたか。 この「ウ」や
「オ」のような音も l の音です。 後ろに母音がないと、この音になります。

 注意すべき子音④　r では「舌」を歯ぐきにつけない!

r の音を出すポイントは 2 つです。 まず、「ウ」というときのように、口を
丸くすぼめます。 次に、舌をもち上げて、息の通り道を狭くします。 た
だし、l のときと違って、舌を歯ぐきにつけないことが重要です。

では、そのようにして「リード」と言ってみましょう。 舌が歯ぐきにふれ
ずに「リード」と言えたら、それが read (読む) の発音です。 舌はそりか
えるか、中央が盛り上がるか、どちらかになるでしょう。 そうしないと
歯ぐきにふれてしまいます。 舌の形はどちらでもかまいません。

46

5-1 cute の u … [júː]

cute（かわいい）の cu は、「ク」ではなく「キュー」と発音します。cute の
u のように、あとに〈子音字＋e〉がくるとき、u はしばしばアルファベッ
ト読みの「ユー」の音（発音記号は [júː]）になります。

□□□

cute*	形 かわいい
mute	形 無言の　名（楽器の）弱音器、消音装置、ミュート

発音ノート　[júː] を発音するときは、日本語で「ユー」というときより、もっとく
ちびるを丸めて「ユー」というといいでしょう。

□□□

use¹*	名 使用、利用、効果
use²*	動 使う、利用する　▶s = [z]
used	形 中古の、使用済みの　▶s = [z]
cube	名 立方体、立方形のもの、3乗
huge*	形 巨大な、ばく大な

この [júː] の音を、ew というつづりで表すこともあります。なお、u も
ew も、次に見る [úː]（ウー）の音で発音されることのほうが多いです。

□□□

few*	形 少しの　代 少数
mew	動（ネコが）鳴く　名 ネコの鳴き声
view*	名 眺め、視界、見方、考え方　動 見る、眺める

発音ノート　view はやや特殊なつづりです。iew がひとまとまりで [júː] の音を
表しています。STEP 2 の review（批評）の iew も同様です。

47

5-2　rule の u … [úː]

rule（規則）の ru は、「リュー」ではなく「ルー」と発音します。rule の u のように、あとに〈子音字＋ e〉がくるとき、u はしばしば「ウー」という音（発音記号は [úː]）になります。この音は、前回見た「ユー」（発音記号は [júː]）から [j] の音が落ちたものです。

□□□

June*	名 6月
tune	名 曲　動 調律する、チューニングする
prune	名 プルーン、干したプラム

発音ノート　[úː] を発音するときは、日本語で「ウー」というときより、もっとくちびるを丸めて「ウー」というといいでしょう。

□□□

nude	形 裸の、裸体の　名 裸体画
rude*	形 失礼な、無作法な

□□□

rule*	名 規則、ルール、支配　動 支配する
tube	名 管、チューブ
flute*	名 フルート（楽器）

このほかに、ue や ui というつづりが [úː] の音を表すこともあります。また、あとに〈子音字＋ e〉の形がこなくても、u が単独で [úː] の音を表すことがあります。

□□□

due	形 当然支払われるべき、当然の、到着予定で
sue	動 訴える、告訴する

48

blue*	形 青い、憂うつな　名 青　▷sky blue 空色
clue	名 手がかり、ヒント
glue	名 接着剤　動 接着剤でつける
true*	形 真実の、本当の

☐☐☐

| **suit** | 名 スーツ、訴訟、告訴（▷sue の名詞形） |
| **fruit*** | 名 果物、果実、成果 |

☐☐☐

| **bruise** | 名 打撲傷、傷　▶s = [z] |
| **cruise** | 名 船旅、クルージング　動 船旅をする　▶s = [z] |

☐☐☐

| **juice*** | 名（果物・肉などの）汁、液、ジュース　▷juicy 水分の多い |

☐☐☐

| **flu** | 名 インフルエンザ |
| **truth*** | 名 真実（▷true の名詞形） |

　ここまでは、u や、u を含んだつづり（ue と ui）が [úː] の音を表していましたが、そのほかに、ew というつづりもこの音を表すことがあります。

☐☐☐

dew	名 露、（汗などの）しずく
new*	形 新しい、新型の
chew	動 よくかむ　▷chewing gum チューインガム
crew	名 乗組員、仲間、クルー
screw	名 ねじくぎ、スクリュー
stew	名 シチュー　動 とろ火で煮込む

| **news**[*] | 名 ニュース、報道、知らせ　▶s = [z] |

new の発音は「ニュー」じゃないの？

ここまで見てきた語のうち、nude や new、tune や tube、due や dew などの、n, t, d で始まる語では、u や ew や ue を、[úː] ではなく [júː] と発音することもあります。（その場合、例えば、new は [njúː]（ニュー）になります。）ただし、アメリカ発音の場合、現在では [j] のない [úː] で発音することがふつうになってきています。

この [úː] の音を表すつづりとしては、実は、これから見る oo がよく使われます。このつづりは u や ew とは違って、[júː] の音を表すことはありません。

□□□

cool[*]	形 涼しい、冷たい、冷静な、かっこいい　動 冷やす、冷える
fool	名 ばか者、おろか者　動 だます、ふざける
pool[*]	名 プール、水たまり
tool[*]	名 道具
stool	名 （背もたれや肘かけのない）いす、腰かけ
school[*]	名 学校　▶ch = [k]

□□□

moon[*]	名 月、（惑星の）衛星　▷moonlight 月光
noon[*]	名 正午
soon[*]	副 まもなく、すぐに
spoon	名 スプーン、さじ

□□□

boom	名 とつぜんの好景気、人気、ブーム
room[*]	名 部屋、場所、余地
bloom[*]	名 開花、花盛り、花　動 （花が）咲く

STEP 1

□□□

loop	名 輪、輪状のもの、ループ
scoop	名 小シャベル、ひとすくい、特ダネ 動 すくい取る
troop	名 群れ、一団、(troops で) 軍隊

□□□

boot	名 ブーツ、長靴 (▷しばしば複数形の boots で使う)
root	名 根、根本、根源、原因 動 根づかせる
shoot*	動 撃つ、射る、(球技で) シュートする 名 射撃、シュート

□□□

food*	名 食べ物、食品
mood	名 気分、心もち

□□□

roof*	名 屋根、屋上
proof	名 証拠、証明

□□□

booth	名 仕切り席、ブース、屋台店、電話ボックス
tooth*	名 歯 (▷複数形は teeth)

□□□

soothe	動 なだめる、やわらげる ▶th = [ð]
smooth	形 なめらかな、穏やかな ▶th = [ð]

□□□

goose	名 ガチョウ ▷wild goose ガン (鳥)
loose	形 ゆるい、ゆるんだ、ゆったりした

□□□

boo	動 ブーと言う 名 ブーイング
too*	副 ～もまた、あまりにも～

zoo[*]	图 動物園

□□□

boost	動 押し上げる、増加する、高める 图 押し上げ
choose[*]	動 選ぶ ▶s = [z]
noodle[*]	图 ヌードル、めん

[
oo のほかに、o だけでも [úː] の音を表すことがあります。また、ou や、まれに oe のつづりが [úː] の音を表すこともあります。
]

□□□

do[*]	動 する 助 疑問文・否定文をつくる
to[*]	前 ～へ（目的地などを表す）（▷強調）
two[*]	图 2、2つ 形 2の、2つの ▶w は無音
who[*]	代 だれ ▶wh = [h]

□□□

lose[*]	動 失う、見失う、負ける ▶s = [z]
whose[*]	代 だれの ▶wh = [h], s = [z]

□□□

move[*]	動 動く、引っ越す、動かす、感動させる
prove	動 立証する、証明する、～とわかる

□□□

tomb	图 墓 ▶b は無音
whom	代 だれを、だれに ▶wh = [h]

□□□

soup[*]	图 スープ ▷miso soup みそ汁
group[*]	图 集団、群れ、グループ 動 グループにする

[úː]

you*	代 あなた（たち）は、あなた（たち）を　（▷強調）
youth	名 若さ、青年時代、（集合的に）若い人たち
route	名 道筋、経路、ルート、方法
wound	名 負傷、けが　動 傷つける（▷発音注意⇒下記を参照）
through*	前 〜を貫いて、〜を通して　副 貫いて、終えて　▶gh は無音

発音ノート you を特に強調しないで発音するときは、[júː]（ユー）ではなく、アクセントをつけずに軽く [ju]（ユ）といいます。

shoe*	名 靴（▷しばしば複数形の shoes で使う）

発音ノート oe をこのように発音するのはまれで、本書ではこの語だけですが、ほかには、canoe [kənúː]（カヌー）の oe がこの音です。

> ☞ **wound の発音は「ウーンド」？**
> wound の発音は [wúːnd] で、最初の音は [wú] です。[ú] ではありません。この音は、日本語にはない音で、ワ行を仮に「ワ・ウィ・○・ウェ・ウォ」としたときに、○の位置にくるような音です。この音を出すには、くちびるをギュッとすぼめてから「ウ」といいます。wide（広い）、wave（波）、wound と続けていうと、同じ口の形が続くので発音しやすいでしょう。

第1回 〈子音で終わる語〉と〈母音で始まる語〉

日本語の音は、「ん」を除くと、〈母音〉か〈子音+母音〉なので、

私たちは、子音のあとに母音のない音、というものに慣れていません。

しかし、英語では、そのような音がひんぱんに出てきます。

ここでは、そのことが引き起こす1つの現象に注目してみましょう。

英語には〈子音で終わる語〉がたくさんあります。

では、〈子音で終わる語〉のあとに〈母音で始まる語〉がくると、

どうなるでしょうか。 次の文を見てください。

I didn't like it.

私はそれが気に入らなかった (=それは好みじゃなかった)。

文末の like it は「ライキット [láikit]」と発音されます。

これは like が子音の [k] で終わり、it が母音の [i] で始まるため、

両者が「連結」されてしまい、連結部分が [ki] と発音されるからです。

このような〈子音で終わる語〉と〈母音で始まる語〉の連結は、

日本語ではふつう起こらないため、耳が慣れていません。

ですから、上のような単純な文でも、耳で聞いた場合には、

「キット」って何だろう、などと勘違いをしかねません。

また、自分で発音するときも、「ライク イット」というように、

like と it を音として連結せずに、分けて発音しがちです。

基本的なことではありますが、日本語に慣れている私たちにとって、

こうした現象を知っておくことは、英語を「音声として聞きとる」ためにも、

また「自分で発音する」ためにも、とてもだいじなことです。

母音②

もう1つの読み方をする
a, i, o, e, u

ここで見ていくa, i, o, e, uの読み方は、ローマ
字読みとまぎらわしい読み方です。しかし、両
者はかなり異なるため、アルファベット読み以
上に、発音には注意が必要です。

1 batのa … [æ]

bat（バット）のba の発音は、「ベイ」ではなく「バ」です。bat のように、語末が〈a ＋子音字〉の形になるときは、a はアルファベット読みではなく、日本語の「ア」に近い音（発音記号は [æ]）で発音します。

□□□

at*	前 （場所を表して）〜で、（時刻を表して）〜に　〈▷強調〉
bat	名 （野球などの）バット、コウモリ　動 バットで打つ
cat*	名 ネコ
fat*	形 太った、脂肪の多い　名 脂肪
hat*	名 （縁のある）帽子
mat	名 マット、むしろ、（玄関の）靴ふき
pat	動 軽くたたく、なでる
rat*	名 （大型の）ネズミ
chat	動 おしゃべりする、雑談する　名 おしゃべり、雑談
that*	代 あれ、それ　形 あの、その　▶th = [ð]
flat*	形 平らな、（タイヤが）パンクした　副 （時間が）きっかり

発音ノート [æ] は日本語の「ア」とはかなり違います。「ア」と「エ」の中間のような音です。発音するときは、「エ」というとき以上に口を左右に引いて「ア」というといいでしょう。

□□□

cap*	名 （縁なしの）帽子、（びんなどの）ふた　動 ふたをかぶせる
gap	名 裂け目、へだたり、ギャップ、相違
lap	名 ひざ（▷腰かけたときのももの上の部分）
clap	動 （手を）たたく、拍手かっさいする

map*	名 地図
nap	名 うたた寝、居眠り　動 うたた寝をする
snap	動 ポキンと折れる、プツンと切れる、ポキンと折る
tap	動 軽くたたく、コツコツと打つ　▷tap dance タップダンス
rap	名 ラップ（音楽）、トントンたたく音　動 トントンたたく
wrap*	動 包む、くるむ　▶w は無音
trap	名 わな、計略　動 わなにかける
strap	名 ひも、ストラップ、（乗り物の）つり革　動 ひもで留める
scrap	名 断片、小片、少量、廃物　▷scrapbook 切り抜き帳

単語ノート　「ノートパソコン」は英語では laptop といいますが、この lap は「ひざ」のことです。机 (desk) ではなく、ひざの上に置いて使うからです。

□□□

ban	動 禁止する　名 禁止、禁止令
can*	助 ～できる、～してもよい　（▷強調）　名 缶
scan	動 （書類などを）ざっと見る、細かく調べる、スキャンする
fan*	名 ファン、愛好者、うちわ、扇風機
man*	名 男の人、男性、人類、（男女を問わずに）人
pan	名 平なべ、フライパン
span	名 期間、長さ、範囲　▷life span 寿命
van	名 （荷物の配達などに用いる）小型トラック、バン
than*	接 ～よりも　前 ～よりも　▶th = [ð]　（▷強調）
plan*	名 計画、案、設計図　動 計画する

□□□

am*	動 be 動詞の現在形の 1 つ　（▷強調）
dam	名 ダム、せき

ham	名 ハム　▷ham and eggs ハムエッグ
jam	名 ジャム、混雑、押し合い　▷traffic jam 交通渋滞
lamb	名 子羊、子羊の肉　▶b は無音
gram	名 グラム（▷重さの単位）　▷kilogram キログラム

□□□

bag*	名 かばん、バッグ、袋
lag	動 遅れる　名 遅れ　▷time lag 時間のずれ
flag*	名 旗　▷national flag 国旗
rag	名 ぼろ、ぼろきれ、（rags で）ぼろ服
drag	動（重い物を）引っぱる、引きずる

□□□

ax	名 おの、まさかり
fax	名 ファックス　動 ファックスで送る
tax*	名 税、税金、重い負担　動 税金をかける

発音ノート ここで初めて子音字の x が登場しました。 子音字の x は、語末では [ks]（クス）と発音します。 STEP 1 ではこの発音しか出てきません。 [gz]（グズ）と発音することもありますが、それは STEP 2 以降の単語になります。

□□□

ad	名 広告
add*	動 加える、付け加える、足し算をする
bad*	形 悪い、ひどい、へたな
dad*	名 お父さん、パパ
mad	形 怒った、頭にきた、狂ったような
sad*	形 悲しい、なげかわしい
glad*	形 うれしい、喜んで

発音ノート add の dd のように、同じ子音を表す文字が 2 つ重なるときは、1 つだけ発音します。次に見る単語の ss も同様です。

STEP 1

□□□

gas*	名 気体、(燃料用の) ガス、ガソリン
mass	形 大規模の、大衆の　名 かたまり、(the masses で) 大衆
pass*	動 通る、経過する、合格する、手渡す　名 通行許可証
class*	名 (学校の) クラス、授業、(社会の) 階級
glass*	名 ガラス、コップ、コップ 1 杯、(glasses で) めがね
brass	名 真ちゅう、金管楽器　▷brass band ブラスバンド
grass*	名 草、芝生

□□□

half*	名 半分　形 半分の　副 半ば　▶l は無音
staff*	名 (集合的に) 職員、部員、スタッフ　▷staff room 職員室
graph*	名 グラフ、図表　▶ph = [f]

発音ノート a のあとの語末のつづりはさまざまですが (lf, ff, ph)、どれも [f] の音になります。

□□□

back*	副 後ろへ、元の所へ　形 後ろの　名 背中
lack	名 不足、欠乏　動 (必要なものなどを) 欠く
black*	形 黒い、真っ暗な　名 黒
pack*	動 荷造りをする、詰め込む　名 (小さな) 包み、箱
snack	名 軽食、おやつ
crack	名 ひび、割れ目　動 ひびが入る、ひびを入らせる
track*	名 小道、通った跡、(競技場の) トラック、線路

ck というつづりは、c も k も [k] の音を表すため、同じ子音を表す文字が 2 つ続く形となります。したがって、ck の発音も [k] です。

□□□

catch[*]	動 捕まえる、つかむ、わかる、(乗り物に) 間に合う
match[*]	名 競争相手、つり合うもの、試合　動 匹敵する、調和する
scratch	動 引っかく、かく、走り書きする　名 かき傷

発音ノート 短い母音（＝母音②）のあとに [tʃ]（チ）の音が続くときは、しばしば ch の前に t のついた -tch というつづりになります。

□□□

ash	名 灰
cash	名 現金　動 現金化する
dash	動 突進する、ぶつける　名 突進、短距離競走
mash	動 すりつぶす、押しつぶす　▷mashed potato マッシュポテト
smash	動 粉々にする、打ち砕く、強打する、粉々になる
clash	動 (意見・利害・勢力などが) 衝突する　名 衝突
flash	動 ぱっと光る、(考えなどが) ひらめく　名 閃光、ひらめき
splash	動 はね散らす、はねる　名 はね散る音、はねること
crash	動 衝突する、(飛行機が) 墜落する　名 衝突、墜落
trash[*]	名 くず、ごみ、つまらないもの　▷trash can くず入れ

□□□

bath[*]	名 入浴、水浴び
math[*]	名 数学（▷mathematics の略）
path	名 小道、通路、進路

□□□

bang	動 ドンとたたく、バタンと閉める〔閉まる〕　名 バタンという音

| gang | 图 (悪漢などの)一味、ギャング、(集合的に)仲間 |
| hang* | 動 掛ける、つるす、下げる、掛かる、ぶら下がる |

発音ノート 語末の -ng はここで初めて出てきた形で、発音には注意が必要です。発音記号は、[n] と [g] が合体したような変な記号です。

☞ **注意すべき子音⑤　-ng の発音は n + g じゃないの?**

語末の -ng は、発音記号で表すと [ŋ] (ング) という 1 つの音で、[n] + [g] ではありません。[ŋ] は「鼻で出す音」なので、のどで [g] (グ) といわないようにします。超スピードで「んぐんぐんぐ」というと自然に [ng] ではなく [ŋ] の音に近づくでしょう。「ぐんぐんぐん」ではだめです。

□□□

and*	接 ~と…、そして　(▷強調)
band*	图 楽団、バンド、ひも、帯
hand*	图 手　動 手渡す　▷handy 手近な、便利な
land*	图 土地、陸地　動 着陸する、上陸する
sand*	图 砂
brand	图 (商品の)銘柄、ブランド、焼き印　▷brand-new 真新しい
grand	形 壮大な、雄大な、堂々とした
stand*	動 立っている、立つ、位置する、がまんする

□□□

bank*	图 銀行、川岸、土手
rank	图 階級、地位、順位　動 (地位や順位を)占める、格付けする
frank	形 率直な　▷frankly 率直に、率直にいうと
tank	图 (水や油などを入れる)タンク、戦車
thank*	動 礼を言う、感謝する　图 (thanks で)感謝
blank	形 白紙の、からの、ぼんやりした　图 空白、空虚

□□□

cast	動 投げる、投げかける、向ける 名 配役、キャスト
fast[*]	形 速い、すばやい、(時計が)進んでいる 副 速く
last[*]	形 最後の、この前の 副 最後に 動 続く、長もちする
past[*]	名 過去 形 過去の 前 〜を通り過ぎて、〜を過ぎて
vast	形 広大な、巨大な、莫大な

□□□

camp[*]	名 キャンプ、キャンプ場、収容所 動 キャンプをする
damp	形 湿気のある 名 湿気
lamp[*]	名 明かり、電灯、ランプ
stamp[*]	名 切手、スタンプ、判 動 踏みつける、判を押す

□□□

ant[*]	名 アリ
plant[*]	名 植物、工場 動 (植物を)植える
grant	動 (願いなどを)聞き届ける、(権利などを)与える、認める

□□□

ask[*]	動 たずねる、問う、頼む
mask	名 マスク、面、仮面
task[*]	名 仕事、任務 ▷task force 対策本部、機動部隊

□□□

act[*]	動 行動する、ふるまう、演じる 名 行ない、(劇の)幕
fact[*]	名 事実

62

□□□

gasp	動 あえぐ、息を切らす　名 あえぎ、息切れ
grasp	動 しっかりとつかむ、把握する　名 つかむこと、把握

□□□

raft	名 いかだ　動 いかだを使う　▷rafting ラフティング
craft	名 技術、技能、工芸、船　▷craftsman 職人

□□□

as*	前 ～として　接 ～のように　▶s = [z]　(▷強調)
cab	名 タクシー
jazz*	名 ジャズ
pants	名 ズボン、パンツ (▷複数扱い)　▶ts = [ts]
shall*	動 (Shall I ～? で) ～しましょうか
branch*	名 枝、支店、部門

発音ノート pants の ts の音は、発音記号では [ts] で 2 文字ですが、実際には 1 つの音のように発音します。「ツ」に近い音になります。

　　a のあとに〈子音字＋ e〉の形がくるとき (⇒p.12) でも、a が [éi] (エイ) の音ではなく、[ǽ] (ア) の音を表すことがあります (語末の e は無音)。

□□□

have*	動 持っている、食べる、飲む

発音ノート あとに〈子音字＋ e〉の形がくるときは、その前の母音字は「アルファベット読み」をするのがふつうですが、このように例外もあります。

□□□

dance*	動 踊る、ダンスをする　名 踊り、ダンス
chance*	名 機会、チャンス、見込み、偶然、運
glance	動 ちらっと見る　名 ちらっと見ること
France*	名 フランス

candle[*]	图 ろうそく
handle	動 取り扱う、処理する、さわる　图 柄、取っ手

発音ノート このように、語末に〈子音字＋ le〉の形がくることもあります。 以下も同様ですが、どの単語も le の前の子音字は 2 文字です。

angle	图 角、角度、（物事を見る）角度、観点　▷triangle 三角形
ankle	图 足首、くるぶし
apple[*]	图 リンゴ
battle	图 戦い、戦闘
castle[*]	图 城　▶t は無音
sample	图 見本、サンプル、実例
tackle	動 （仕事・問題などに）取り組む、タックルする　▶ck ＝ [k]

発音ノート 語末の -ng は [ŋ]（ング）と発音しますが（⇒p.61）、angle の ng は [ŋg]（ング）と発音します。 語末ではないので、[g] の音が入ります。

［ このほか、au というつづりが、例外的に [æ] の音を表すこともあります。 au は、「オー」という音（発音記号は [ɔː]）を表すほうがふつうです（⇒p.99）。 ］

aunt[*]	图 おば
laugh[*]	動 笑う　▶gh ＝ [f]

発音ノート gh というつづりは、まれに [f]（フ）の音を表すことがあります。 laugh のほかに、tough（たくましい）、enough（十分な）などがあります。

第2回　韻を踏むとは？

この単語集では、「韻」がとても重要な役割を果たしています。

では、「韻」とはどんなものでしょうか。 かんたんな例をあげてみましょう。

次の文は英語のことわざです。

A friend in need is a friend indeed.

困ったときの友だちが本当に友だちです (＝困ったときの友が真の友)。

このことわざでは、need と indeed が、語尾の [íːd] の音でそろっています。

このように、母音を含む語尾の音がそろうことを「韻を踏む」といいます。

また、このことわざでは、in need と indeed というように、

in の部分も含めて音がそろっていて、さらに効果を高めています。

次もことわざです。

An apple a day keeps the doctor away.

1日1個のリンゴが医者を近づけない (＝1日1個のリンゴで医者知らず)。

ここでは、a day と away が韻を踏んでいます。 このように、

同じ音が反復されることで、リズムが生まれ、表現に活気が出てくるのです。

英語の詩では、この韻が巧みに使われています。

韻は、言葉と言葉を、意味だけでなく、音によっても結びつけるため、

時に飛躍が生じたり、思いがけない出会いがあったり、

ユーモアや情感が生まれたりして、表現の世界が豊かになります。

せっかく英語を学ぶからには、

こうした英語の「音」のもつ特性や魅力にも目を向けたいですね。

そのほうが、英語と楽しく接していくことができるでしょう。

2　big の i … [í]

big（大きい）の bi の発音は、「バイ」ではなく「ビ」です。big のように、語末が〈i ＋子音字〉の形になるときは、i はアルファベット読みではなく、日本語の「イ」と「エ」の中間のような音（発音記号は [í]）で発音します。

□□□

big*	形 大きい、重要な
dig*	動 (穴などを) 掘る、掘り出す
pig*	名 ブタ

発音ノート [í] は日本語の「イ」とはかなり違います。母音①で習った [íː] を短くした音でもありません。「イ」と「エ」の中間のような音です。発音するときは、「エ」というつもりで口を開いて「イ」というといいでしょう。

□□□

dip	動 (液体に) ちょっと浸す　名 ちょっと浸すこと
hip	名 ヒップ、腰
lip	名 くちびる　▷ lipstick 口紅
clip	動 切り取る、切り抜く、刈る　名 切り抜き、クリップ
slip	動 すべる、すべるように動く　名 すべること
sip	動 少しずつ飲む、ちびちび飲む　名 (飲み物の) ひと口
tip	名 先、先端、チップ、心づけ
chip	名 切れ端、かけら、(ふつう chips で) ポテトチップス
ship*	名 (大きな) 船　動 (荷物を) 送る、運ぶ
whip	動 むちで打つ、(卵などを) あわだてる　名 むち
skip	動 とびはねる、スキップする、とばす、省略する
grip	動 しっかりつかむ、握る　名 握ること、グリップ

trip[*]	名 旅行、外出　動 つまずく
strip	動 （皮などを）むく、はぎとる、裸にする

□□□

it[*]	代 それは（主格）、それを（目的格）　（▷強調）
bit[*]	名 少し、少量、（a bit で）少し、ちょっと（▷副詞的に使う）
fit[*]	動 （～に）合う、適合する　形 適した、ぴったりの
hit[*]	動 打つ、ぶつかる、おそう　名 打撃、大当たり、ヒット
kit	名 道具一式、用具セット
sit[*]	動 すわる、すわっている、位置する
wit	名 機知、ウイット、機転
quit	動 （仕事・活動などを）やめる、中止する
knit	動 編む　▶k は無音
spit	動 （つばや血などを）吐く、つばを吐く
split	動 割る、分ける、分裂させる、割れる、分裂する

□□□

in[*]	前 ～の中に、～の中へ　副 中に、中へ　（▷強調）
pin	動 ピンで留める　名 ピン、とめ針
spin	動 まわる、まわす、（糸を）紡ぐ　名 回転
sin	名 罪、罪悪（▷道徳上の罪）
win[*]	動 （試合などに）勝つ、（賞などを）得る
twin	名 双子の 1 人、（twins で）双子　形 双子の、ツインの
chin	名 あご、あご先
thin[*]	形 うすい、細い、まばらな
skin[*]	名 （人間の）皮膚、肌、（動物の）皮、（果物の）皮

dim	形 うす暗い、ぼんやりした
him*	代 彼を、彼に （▷強調）
slim	形 （体が）細い、きゃしゃな
swim*	動 泳ぐ　▷swimming 水泳、swimmer 泳ぐ人

□□□

kid*	名 子ども　動 からかう、冗談をいう
lid	名 ふた、まぶた（= eyelid）
rid	動 取り除く、（get rid of 〜で）〜を免れる、〜を取り除く
squid	名 イカ（生物）　▶squ = [skw]

□□□

fix*	動 固定する、修理する、（食事などを）用意する
mix*	動 混ぜる、混ざる　▷mixture 混合、混合物
six*	名 6、6つ　形 6の、6つの　▷sixth 6番目の

□□□

is*	動 be 動詞の現在形の1つ　▶s = [z]　（▷強調）
his*	代 彼の、彼のもの　▶s = [z]　（▷強調）
quiz*	名 （口頭または筆記の）小テスト、クイズ

□□□

kiss*	動 キスする　名 キス
miss*	動 （乗り物に）乗りそこなう、のがす、いないのをさびしく思っ
this*	代 これ　形 この　▶th = [ð]

□□□

if*	接 もし〜ならば
cliff	名 がけ、絶壁
stiff	形 かたい、こわばった、かた苦しい

□□□

ill*	形 病気で（▷ sick を使う方がふつう） ▷ illness 病気
bill*	名 勘定書、勘定、請求書、紙幣、議案
fill*	動 いっぱいにする、満たす
hill*	名 丘、小山
kill*	動 殺す
skill*	名 腕前、技能、熟練　▷ skilled 熟練した
mill	名 製粉所、粉砕器、ミル、工場　動 製粉する
till*	前 〜まで（ずっと）　接 〜するまで（ずっと）
still*	副 まだ、なお　形 静止した
will*	助 〜だろう、〜するつもりである　名 意志、遺言
chill	名 冷たさ、冷気、寒け　動 冷やす
spill	動 こぼす、こぼれる
drill*	名 訓練、反復練習、穴あけ機　動 訓練する
thrill	動 ぞくぞくさせる　名 ぞくぞくすること

単語ノート コーヒー豆を粉砕するための器具を「コーヒーミル」といいますが、この「ミル」は mill（製粉所、粉砕器）です。

□□□

kick*	動 ける、けとばす　名 けること、キック
lick	動 なめる
click	動 クリックする　カチッと音がする　名 カチッという音
pick*	動 （注意して）選ぶ、（花・実などを）つむ
sick*	形 病気の、吐き気がする、うんざりした　▷ sickness 病気
thick*	形 厚い、太い、濃い、密な
brick	名 れんが
trick*	名 たくらみ、策略、いたずら、手品、トリック

stick*	動 突き刺す、くっつける、突き刺さる、くっつく　名 棒切れ
quick*	形 速い、すばやい

□□□

rich*	形 金持ちの、豊かな
which*	代 どちら、どれ　形 どちらの、どの
pitch	動 投げる、投球する　名 音の高低、調子　▷pitcher 投手
witch	名 魔女、女の魔法使い
switch	名 スイッチ　動 変える、(スイッチなどを) 切りかえる

発音ノート pitch 以下の 3 語は、語末が -tch となっています (⇒p.60)。発音は ch と同じで [tʃ] (チ) です。

□□□

dish*	名 皿、(料理の) 皿、料理、(the dishes で) 食器類
fish*	名 魚　動 釣りをする
wish*	名 願い、望み　動 望む、ほしがる

□□□

king*	名 王、君主、実力者
ring*	名 輪、指輪、円形の競技場　動 (ベルなどが) 鳴る、鳴らす
bring*	動 持ってくる、連れてくる
spring*	名 春、泉、ばね　動 跳ぶ、はねる　▷hot spring 温泉
string	名 糸、ひも、弦、(the strings で) 弦楽器
sing*	動 歌う、(鳥・虫などが) 鳴く
wing*	名 (鳥・飛行機の) つばさ
swing	動 揺れる、振る　名 ぶらんこ、振ること、スイング
thing*	名 もの、こと、(things で) 持ち物、ものごと
cling	動 しがみつく

sting	動 刺す、刺すような痛みを与える 名 針、刺すこと

□□□

ink*	名 インク
link	名 連結、関連、つなぐもの、リンク 動 連結する
blink	動 まばたきをする、(明かりが)ちらつく
pink*	形 ピンクの 名 ピンク
sink	動 沈む、沈没する、沈める 名 (台所の)流し
wink	動 ウインクする、目くばせをする 名 ウインク
think*	動 考える、思う
drink*	動 飲む、酒を飲む 名 飲み物、アルコール飲料、ひと飲み

□□□

fist	名 にぎりこぶし、げんこつ
list*	名 表、リスト、名簿 動 表にする、名簿に載せる
mist	名 かすみ、霧、もや
wrist	名 手首 ▶w は無音
twist	動 ねじる、ねんざする、ねじれる 名 ねじれ

□□□

gift*	名 贈り物、(生まれつきの)才能
lift*	動 持ち上げる、上がる 名 (車などに)乗せること
shift*	名 (勤務の)交替、変化 動 (位置などを)変える、変わる
drift	動 漂う、漂流する 名 漂流、吹きだまり

□□□

hint	名 暗示、ヒント、ほのめかし 動 ほのめかす
mint	名 ハッカ(植物)、ミント ▶mint tea ミントティー
print*	動 印刷する、プリントする 名 印刷、版画

| **disk** | 图 ディスク、円盤　▷hard disk ハードディスク |
| **risk** | 图 危険、リスク　動 危険にさらす　▷risky 危険な |

| **milk**[*] | 图 乳、牛乳、ミルク　動 乳をしぼる |
| **silk**[*] | 图 絹、絹糸 |

発音ノート 子音の [l] は、後ろに母音がない場合、母音の「ウ」や「オ」に近い音になるため (⇒p.46)、milk や silk は「ミウク」や「スィウク」に近い発音になります。

| **inch** | 图 インチ（▷長さの単位。約 2.54 センチメートル） |
| **pinch** | 動 つねる、はさむ　图 つねること、ひとつまみ |

its[*]	代 それの、その　（▷強調）
film[*]	图 映画、（映画・写真の）フィルム、うすい膜
fifth	形 5 番目の　图 5 番目
wind[2*]	图 風（▷wind[1] との発音の違いに注意）
with[*]	前 ～と一緒に、～を使って　▶th = [ð]　（▷強調）
build[*]	動 建てる、建設する　▶u は無音
guilt	图 罪悪感、有罪　▶u は無音
shrimp	图 小えび
script	图 台本、脚本、スクリプト
strict[*]	形 厳しい、厳格な、厳密な

単語ノート shrimp は小型の食用のエビです。 はさみをもつ大型のエビは lobster といいます。 なお、「伊勢エビ」は spiny lobster といいます。spiny [spáini] は「とげのある、とげだらけの」という意味です。

STEP
1

iのあとに〈子音字 + e〉の形がくるとき（⇒ p. 23）でも、i が [ái]（アイ）の音ではなく、[í]（イ）の音を表すことがあります。

□□□

give*	動 与える、あげる
live²*	動 生きる、暮らす、住む（▷ live¹ との発音の違いに注意）

□□□

since*	前 〜以来、〜から（いままで）　接 〜して以来
prince	名 王子

□□□

ridge	名 山の背、尾根
bridge*	名 橋
fridge	名 冷蔵庫

発音ノート 短い母音（＝母音②）のあとに [dʒ]（ジ）の音が続くときは、ふつう ge の前に d のついた -dge というつづりになります。あとで見る lodge（山小屋）、edge（ふち）、judge（判断する）なども同様です。

□□□

middle*	名 真ん中、中央　形 真ん中の、中央の、中くらいの
riddle	名 なぞ、なぞなぞ

発音ノート このように、語末に〈子音字 + le〉の形がくることもあります。以下も同様ですが、triple 以外は、le の前の子音字は 2 文字です。

□□□

dimple	名 えくぼ、くぼみ
simple*	形 かんたんな、やさしい、質素な、単純な

□□□

wrinkle	名 （顔などの）しわ　動 （顔に）しわを寄せる　▶ w は無音

twinkle	動 きらきら光る、きらめく　名 きらめき、輝き

□□□

little*	形 小さい、少しの　副 少し　代 少し、少量
pickle	名 (ふつう pickles で) ピクルス、漬物
single*	形 ただ1つの、独身の、1人用の　名 1人用の部屋
whistle	動 口笛を吹く、警笛を鳴らす　名 警笛　▶t は無音
triple	形 3重の、3倍の

☞ **little の発音は「リル」?**

table の発音が「テイブゥ」や「テイボ」になるのと同じで、little の発音は「リトゥ」や「リト」に近い音になります。しかし、little の場合、そこからさらに「リル」や「リロ」のような音になることもあります。

なぜかというと、母音にはさまれた [t] は、「ラ行」の音のように発音されることがあるからです。letter を「レラァ」と発音する (⇒p.206) のと同じです。little の場合、[t] のあとにくるのは母音ではありませんが、語末の [l] は母音のような音になるため、同じような現象が起こるのです。

[ここまでの語では、すべて i という文字が [í] の音を表していましたが、このほかに、y が母音として使われて、[í] の音を表すこともあります。]

□□□

gym*	名 体育館、スポーツクラブ　▶g = [dʒ]
myth	名 神話
rhythm	名 リズム (▷語頭の rh の h は無音)　▶th − [ð]

発音ノート gym の g は、[g] (グ) ではなく [dʒ] (ジ) と発音します。g を [dʒ] と発音するのは、語末の -ge や -dge を除くと、STEP 1 では、ほかに gentle (優しい) の g だけです。

STEP
1

3 job の o … [á]

job (仕事) の jo の発音は、「ジョウ」ではなく「ジャ」です。job のように、語末が〈o +子音字〉の形になるときは、o はアルファベット読みではなく、日本語の「ア」に近い音 (発音記号は [á]) で発音します。

□□□

job*	图 仕事、勤め口、職
rob	動 奪う、強奪する、(銀行などに) 押し入る　▷robber 強盗
sob	動 すすり泣く、泣きじゃくる　图 すすり泣き

発音ノート [á] は日本語の「ア」とは少し違います。発音するときは、「ア」より口を大きく開け、舌も下げて口の中を広くして「ア」といいます。

□□□

dot	图 点、ドット　動 点を打つ
hot*	形 熱い、暑い、ピリッとからい
lot*	图 (a lot で) たくさん、(a lot で) とても、たいへん
plot	图 (小説や劇の) 筋、陰謀　動 (陰謀などを) たくらむ
not*	副 〜でない、〜しない
knot	图 結び目、ノット (▷船の時速単位)　▶k は無音
pot*	图 ポット (▷つぼ、かめ、鉢などの入れ物)、ポット 1 杯
spot*	图 (特定の) 地点、しみ、斑点　動 見つける、突きとめる
rot	動 腐る、腐らせる　▷rotten 腐った
shot	图 発砲、銃声、射手、シュート、注射

□□□

pop*	形 ポピュラーの　图 ポピュラー音楽　動 ポンと音がする
top*	图 頂上、首位、(物の) 上部　形 最高の

75

stop*	動 止める、やめる、止まる、立ち止まる　名 止まること
chop	動 たたき切る、切りきざむ　名 厚切り肉片
shop*	動 買い物をする　名 店、専門店　▷shopping 買い物
crop*	名 農作物、収穫、収穫高
drop*	動 落ちる、下がる、落とす　名 しずく、落下

□□□

fog	名 霧、もや、（立ちこめた）煙
jog	動 ジョギングをする、ゆっくりと走る
blog	名 ブログ
frog*	名 カエル

□□□

ox*	名 雄牛、（食用・荷車用の）去勢牛
box*	名 箱　動 ボクシングをする　▷boxer ボクサー
fox	名 キツネ

□□□

| mom* | 名 お母さん、ママ |
| bomb* | 名 爆弾　動 爆撃する　▶mb の b は無音 |

発音ノート bomb の o の発音は [ɑ́] (ア) ですが、まぎらわしいことに、前に見た comb (くし) の o の発音は [óu] (オウ) です (⇒p.34)。

□□□

odd	形 奇妙な、変わった、片方の、臨時の、奇数の
god*	名 神（▷キリスト教の神の場合は God とする）
nod	動 うなずく、会釈する　名 うなずき

□□□

| lock | 動 かぎをかける、ロックする　名 錠、錠前 |

STEP 1

block[*]	图 (木や石の) かたまり、ブロック、街区　動 ふさぐ
clock[*]	图 時計 (▷置き時計や掛け時計)
flock	動 群れをなす、集まる　图 (羊などの) 群れ
rock[*]	图 岩、岩石、(音楽の) ロック　動 揺り動かす、揺れ動く
sock	图 (ふつう socks で) 靴下、ソックス
knock[*]	動 たたく、ノックする　图 ノック　▶kn の k は無音
shock[*]	图 衝撃、ショック　動 衝撃を与える
stock	图 在庫、ストック、貯蔵品、株、株式

□□□

bond	图 きずな、結びつき、団結、契約
fond	形 好きで、愛情深い、優しい
pond[*]	图 池
blond	形 (髪の毛が) 金髪の、ブロンドの (▷blonde とも表記する)

□□□

of[*]	前 ～の、～の中の　▶f = [v] (▷強調)
on[*]	前 ～の上に、～に接して、～に　副 上に (▷強調)
doll[*]	图 人形
golf[*]	图 ゴルフ
prompt	形 迅速な　動 促す　▷prompter プロンプター

発音ノート　of の f は、例外的に [v] (ヴ) と発音します。off (離れて) とは o の発音も f の発音も違うので注意しましょう (⇒p.101)。

語末に e (無音) がくる単語でも、o が [á] の音を表すことがあります。数は多くないので、個別におぼえるようにしましょう。

□□□

| **lodge** | 图 山小屋、ロッジ　動 宿泊する、宿泊させる |

solve*	動 (問題を) 解く、解決する
bottle*	名 びん、1 びんの量　▷plastic bottle ペットボトル

発音ノート　love（愛する）、come（来る）の o は、[ɑ] の音ではなく、あとで見る [ʌ] の音 (cup の u の音) になります。

> 語末が子音字のとき、a はふつう [æ] と発音しますが、w や wh のあとではしばしば [ɑ] の音になります。ほかにも、例外的に a を [ɑ] と発音することがあります。

□□□

wash*	動 洗う、洗たくする
want*	動 ほしい、欲する、～したい
watch*	動 じっと見る、見守る、見張る　名 腕時計、警戒
what*	代 何、どんなもの　形 何の、どんな
swan	名 白鳥

□□□

yacht	名 ヨット、快速船　▶ch は無音

発音ノート　例外的に、y のあとの a を [ɑ] と発音します。このような単語は本書ではこれだけです。

4 bed の e … [é]

STEP 1

bed (ベッド) の be の発音は、「ビー」ではなく「ベ」です。bed のように、語末が〈e ＋子音字〉の形になるときは、e はアルファベット読みではなく、日本語の「エ」に近い音 (発音記号は [é]) で発音します。

□□□

bed*	名 ベッド、寝台、花だん
red*	形 赤い　名 赤

発音ノート [é] は日本語の「エ」に近い音です。発音するときは、「エ」というときより少し口を横に開いて「エ」といいます。

□□□

bet	動 (金を) 賭ける、断言する　名 賭け
debt	名 借金、負債　▶b は無音
get*	動 得る、手に入れる、買う
jet	名 ジェット機、(液体・ガスなどの) 噴出　▷jet lag 時差ぼけ
let*	動 〜させる、〜するのを許す、(Let's ＋動詞で) 〜しよう
net	名 網、ネット、(しばしば the Net で) インターネット
pet*	名 ペット、お気に入りのもの
set*	動 置く、整える、(日時などを) 決める、(太陽などが) 沈む
vet	名 獣医
wet*	形 ぬれた、しめった、雨の多い
yet*	副 (否定文で) まだ、(疑問文で) もう、すでに

発音ノート debt のように、語末が -bt のとき、b は発音しません。あとで見る doubt (疑い) の -bt も同様です。

hen	名 めんどり
pen[*]	名 ペン
ten[*]	名 10、10個　形 10の、10個の　▷tenth 10番目の
yen[*]	名 円（▷日本の通貨単位）
then[*]	副 そのとき、当時、それから、それでは　▶th = [ð]
when[*]	副 いつ　接 ～するとき

□□□

egg[*]	名 卵
beg	動 こい願う、頼む、めぐんでくれと言う
leg[*]	名 脚（▷太もものつけ根から下）
peg	名 留めくぎ、掛けくぎ

□□□

bell[*]	名 ベル、呼び鈴、鐘
cell	名 細胞、独房　▷cell phone 携帯電話
sell[*]	動 売る、売っている、売れる
hell	名 地獄、地獄のような場所
tell[*]	動 話す、言う、教える、知らせる
well[*]	副 うまく、じょうずに、十分に　形 健康で、元気で
yell	動 大声をあげる、さけぶ　名 さけび声、エール
shell[*]	名 貝がら、（卵・木の実などの）から
smell[*]	動 においがする、においをかぐ　名 におい、香り
spell	動 （単語を）つづる　▷spelling つづり、スペル

□□□

| **less**[*] | 形 もっと少ない　副 もっと少なく |
| **bless** | 動 祝福する |

mess	名 散らかった状態、混乱
yes*	副 はい、そうです
guess*	動 推測する、言い当てる 名 推測 ▶u は無音
chess	名 チェス
dress*	動 服を着せる、服を着る 名 服装、ドレス
press	動 押す、押しつける、アイロンをかける 名 報道機関
stress*	名 緊張、ストレス、圧力、強調 動 強調する

□□□

deck	名 (船の) デッキ、甲板、階、床
neck*	名 首 ▷necklace ネックレス
check*	動 検査する、照合する 名 検査、照合、伝票、小切手

□□□

sketch	名 スケッチ、略図、あらすじ 動 スケッチする
stretch	動 のばす、のびる、広がる 名 のばすこと、広がり

□□□

end*	名 終わり、最後、端、目的 動 終わらせる、終わる
bend	動 曲げる、曲がる、かがむ 名 曲がり
lend*	動 貸す
blend	動 混ぜ合わせる、ブレンドする 名 混合物
send*	動 送る
tend	動 (tend to ～で) ～する傾向がある
spend*	動 (金を) 使う、(時間を) 過ごす
trend	名 傾向、流行、はやり

□□□

best*	形 最もよい 副 最もよく 名 最もよいもの

nest*	名（鳥などの）巣
rest*	名 休み、休憩、残り、残余　動 休む
test*	名 試験、テスト　動 試験する、検査する
vest	名 ベスト、チョッキ
west*	名 西　形 西の　副 西へ
quest	名 追求、探求
chest	名 胸、箱、収納箱
guest*	名 招待客、泊まり客、ゲスト出演者　▶u は無音

単語ノート best は good（よい）と well（じょうずに）の最上級です。good と well は、better（比較級）− best（最上級）と比較変化をします。

□□□

cent*	名 セント（▷1 ドルの 100 分の 1）
rent	名 賃貸料、使用料　動 賃借りする、賃貸しする
tent	名 テント、天幕

□□□

belt	名 ベルト、帯、地帯　▷green belt 緑地帯
melt	動（熱などで）とける、とかす

□□□

self	名 自己、自分自身　▷selfish 利己的な
shelf	名 棚　▷bookshelf 本棚

□□□

next*	形 次の　副 次に
text	名 本文、文書、原文　▷textbook 教科書

□□□

bench*	名 ベンチ、長いす

| **French*** | 形 フランスの、フランス人の 名 フランス語 |
| **trench** | 名 (深い)溝、堀、塹壕 ▷trench coat トレンチコート |

□□□

| **length** | 名 長さ、(横に対して)縦、(時間の)長さ ▶ng = [ŋ] |
| **strength** | 名 強さ、力、体力 ▶ng = [ŋ] |

単語ノート length は long (長い) の名詞形で、strength は strong (強い) の名詞形です。語尾に -th (抽象名詞をつくる) がついているだけでなく、母音も変化していることに注意しましょう。

□□□

sex	名 性、性別
web*	名 クモの巣、クモの巣状のもの、(インターネットの)ウェブ
desk*	名 机、受付
help*	動 助ける、手伝う 名 助け、手伝い
left*	形 左の 副 左に 名 左、左側
lens	名 レンズ ▶s = [z]
depth	名 深さ、(ふつう複数形で)深い場所 (▷deep の名詞形)
them*	代 彼(女)らを、それらを ▶th = [ð] (▷強調)
step*	名 歩み、一歩、踏み段、(階段の)1 段、(steps で)階段
fresh*	形 新鮮な、生の、最新の ▷freshman 新入生
twelfth*	形 12 番目の 名 12 番目

ここまでの語はすべて、語末が〈e +子音字〉の形でしたが、〈e +子音字 (複数) + e〉の形でも、e が [é] の音を表すことがあります。

□□□

| **dense** | 形 密集した、濃い ▷dense fog 濃霧 |
| **fence** | 名 囲い、柵、フェンス 動 柵で囲う、フェンシングをする |

| **sense*** | 名 感覚、分別、良識、意識、意味 |
| **tense** | 形 緊張した、ぴんと張った、緊迫した |

□□□

| **kettle** | 名 やかん、湯沸かし |
| **settle** | 動 （問題などを）解決する、定住させる、落ち着かせる、定住する |

発音ノート このように、語末に〈子音字＋ le〉の形がくることもあります。 以下の単語の中にも、この形があります（後ろの 3 つの単語）。

□□□

edge	名 ふち、端、刃
else*	副 ほかに、ほかの
twelve*	名 12、12 個　形 12 の、12 個の
gentle	形 優しい、穏やかな、静かな　▶g = [dʒ]
temple*	名 寺、寺院、（キリスト教以外の宗教の）神殿
tremble	動 震える、揺れる　名 震え

ea というつづりは [íː] の音を表すことが多いのですが、よく使う単語で、[é] の音を表すこともあります。 また、例外的に ie が [é] の音を表すこともあります。

□□□

dead*	形 死んだ、死んでいる
head*	名 頭、頭脳、（組織の）長、最上部　動 進む、向かう
bread*	名 パン
thread	名 糸、筋、スレッド（▷ネット用語）　動 糸を通す
spread*	動 広げる、広める、ぬる、広がる　名 広がること

発音ノート read（読む）の過去・過去分詞形 read の ead も、上の単語の ead と同じ音です。 なお、現在形の read の ea の発音は [íː] です。

□□□

| **sweat** | 图 汗　動 汗をかく |
| **threat** | 图 脅し、脅迫、おびやかすもの、脅威 |

□□□

| **death*** | 图 死 |
| **breath*** | 图 息、呼吸 |

□□□

| **health*** | 图 健康、健康状態 |
| **wealth** | 图 富、財産 |

□□□

| **deaf** | 形 耳が聞こえない、聞こうとしない |
| **breast** | 图 乳房、胸　▷ breast cancer 乳がん |

発音ノート mean（意味する）の過去・過去分詞形 meant の ea も [é] と発音します。なお、mean の ea の発音は [íː] です。

□□□

| **friend*** | 图 友だち、友人、味方 |

発音ノート friend では、例外的に ie というつづりを [é] と発音します。このほか、say（言う）の過去・過去分詞形 said の ai というつづりも、例外的に [é] と発音します。どちらもよく使う語なのですが、つづりと発音の関係は例外的です。

第3回　もうひとつの韻

前回のコラムで見た〈語尾をそろえる韻〉は、韻の中でも最も代表的なもので、
「脚韻」（英語では rhyme）と呼ばれます。
韻はほかにもあります。ここでは、もうひとつの韻について見ておきます。
前回と同様、今回も英語のことわざからです。

Care killed a cat.
　　心配がネコを殺した（＝心配は体によくない）。

ここで注目すべきは、Care, killed, cat という3つの語の語頭の [k] の音です。
この音がそろうことで、リズムが生まれ、表現に彩りが与えられるのです。
なぜここで「ネコ（cat）」が出てくる（＝殺される）かというと、
[k] の音で始まるからです。つまり、語頭の音をそろえるためなのです。
殺されるネコにとってはとんでもない災難ですね。

このように、語頭で音がそろい、リズムが生まれるような韻を、
「脚韻」と区別して、「頭韻」といいます。
頭韻も表現を印象的にするので、慣用句などで使われることもありますし、
キャラクターの名前や商品名などにもしばしば利用されます。

as busy as a bee（ミツバチのように忙しい）

これは「とても忙しい」という意味を、頭韻を使って印象的にした慣用句です。

Micky Mouse（ミッキーマウス）、Minnie Mouse（ミニーマウス）

これはもちろん、有名なキャラクターの名前です。ディズニーでは、
Donald Duck（ドナルドダック）という名前も頭韻を踏んでいますね。

5-1 cup の u … [ʌ]

cup（茶わん）の cu の発音は、「キュー」ではなく「カ」です。cup のように、語末が〈u ＋子音字〉の形になるときは、u はアルファベット読みではなく、日本語の「ア」に近い音（発音記号は [ʌ]）で発音します。

☐☐☐

| up* | 副 上へ、上がって　前 〜を上がって、〜の上の方へ |
| cup* | 名 茶わん、カップ、カップ1杯 |

発音ノート [ʌ] は日本語の「ア」に近い音です。発音するときは、[ɑ] のときほど口を開けずに、のどの奥の方で「ア」といいます。

☐☐☐

bug	名 昆虫、虫、（コンピュータの）バグ　▷ladybug テントウムシ
hug	動 抱きしめる　名 抱きしめること
mug	名 マグ（▷取っ手のついた大型カップ）
rug	名 （床の一部に敷く）敷物、じゅうたん
drug	名 麻薬、覚せい剤、薬品
tug	動 強く引く　名 強く引くこと　▷tug of war 綱引き
plug	動 栓をする、（プラグを）差し込む　名 栓、差し込み、プラグ

☐☐☐

but*	接 しかし、だが　前 〜を除いて　（▷強調）
cut*	動 切る、切りとる、削除する、カットする
hut	名 小屋、ほったて小屋、山小屋
nut	名 木の実、ナッツ、とめねじ、ナット
shut	動 閉める、閉じる、閉まる

fun*	名 楽しみ、おもしろさ、楽しいもの
gun*	名 銃、拳銃、大砲
run*	動 走る、（機械などが）動く、（会社などを）経営する
sun*	名 太陽、日光

□□□

us*	代 私たちを、私たちに　（▷強調）
bus*	名 バス
thus	副 したがって、そのようなわけで　▶th = [ð]
plus	前 〜を加えた　形 プラスの

□□□

gum	名 チューインガム、ゴム樹液
hum	動 鼻歌を歌う、ハミングする、ブンブン音を立てる
sum	名 金額、額、合計　動 (sum up で) 合計する、要約する
thumb	名 親指　▶b は無音
drum*	名 太鼓、ドラム　▷ drummer ドラム奏者

発音ノート swim (泳ぐ) の過去分詞形 swum の um も、上の単語の um と同じ音です。ちなみに、come (来る) の ome も同じ音です。

☞ **sum の m と sun の n の違いは？**

[m] と [n] は、どちらも鼻から出す音です。鼻をつまむと「マミムメモ」「ナニヌネノ」がちゃんといえないことからもわかります。違いは何かというと、[m] の音は、くちびるを閉じて出すのに対して、[n] の音は、くちびるを閉じずに、舌の先を上の歯ぐきの裏側につけて出します。

ですから、sum （金額）の発音では、語末でくちびるを閉じますが、sun （太陽）の発音では、語末でくちびるを閉じることはありません。

□□□

rub	動 こする、こすりつける
tub	名 浴槽（＝ bathtub）、おけ、たらい
club*	名 クラブ、同好会、（学校の）クラブ、部

□□□

bud	名 芽、つぼみ　動 芽が出る
mud	名 泥、ぬかるみ

□□□

duck*	名 カモ、アヒル　動 頭をひょいと下げる
luck*	名 運、幸運
suck	動 吸う、吸い込む、しゃぶる
truck*	名 トラック

発音ノート stick（突き刺す）の過去・過去分詞形 stuck の uck も、上の単語の uck と同じ音です。

□□□

much*	形 多くの、多量の　代 多量　副 大いに、非常に
such*	形 そのような、そんなに〜な、とても〜な

□□□

rush*	動 大急ぎで行く、突進する　名 突進、殺到、ラッシュ
brush*	動 ブラシをかける、みがく　名 ブラシ、はけ　絵筆
crush	動 押しつぶす、くだく、壊滅させる
flush	動 （顔などが）ぱっと赤くなる、（水が）どっと流れる

□□□

dust*	名 ちり、ほこり、砂ぼこり　動 ちりを払う
just*	副 ちょうど、たったいま、〜だけ
must*	助 〜しなければならない、〜に違いない　名 絶対必要なもの

trust*	名 信頼、委託　動 信頼する

□□□

dump	動 (ごみなどを) 捨てる、投げ出す　▷dump truck ダンプカー
jump*	動 跳ぶ、跳び上がる　名 ジャンプ
slump	名 不景気、暴落、不振、スランプ　動 暴落する

□□□

junk	名 がらくた、くず　▷junk food ジャンクフード
trunk	名 (木の) 幹、(自動車の) 荷物入れ、(大型の) トランク

発音ノート sink (沈む) と drink (飲む) の過去分詞形 sunk, drunk の unk も、上の単語の unk と同じ音です。

□□□

bunch	名 (果物の) 房、(ものの) 束、(人の) 一団
lunch*	名 昼食、ランチ、(昼の) 弁当
punch	動 げんこつでなぐる　名 パンチ

□□□

dull	形 退屈な、はっきりしない、鈍い
fund	名 基金、資金　動 資金を提供する
gulf	名 湾 (▷大きい湾のときに使う。 小さい湾は bay)
hunt*	動 狩る、狩猟する、(犯人などを) 追跡する　名 狩り
lung	名 肺　▷lung cancer 肺がん
stuff	名 (ばくぜんと) 物、物事、物質　動 詰める、詰め込む

発音ノート ring (鳴る) と sing (歌う) の過去分詞形 rung, sung の ung も、lung の ung と同じ音です。

> ここまでの語はすべて語末が子音字でしたが、語末に e がくる語でも、u が [ʌ] の音になることはあります。ただし、そのほとんどは語末が〈子音字＋ le〉です。

☐☐☐

humble	形 つつましい、控えめな、卑屈な、(身分などが) 低い
grumble	動 ぶつぶつ言う、不平を言う　名 不平
stumble	動 つまずく、よろめく

☐☐☐

| **subtle** | 形 微妙な、かすかな　▶b は無音 |
| **shuttle** | 名 定期往復便、シャトル便　動 往復運転する |

☐☐☐

uncle*	名 おじ
bubble	名 泡、あぶく、シャボン玉　動 泡立つ
jungle	名 ジャングル、密林
muscle	名 筋肉　▶c は無音
puzzle*	動 困らせる、当惑させる　名 パズル、なぞ、難問
struggle	動 懸命に努力する、もがく、戦う　名 懸命な努力

発音ノート muscle の c は、l の前なので、本来なら [k] (ク) の音を表すはずですが、ここでは発音されません。

☐☐☐

| **judge** | 動 判断する、裁く、判決をくだす　名 裁判官 |

> u のほかに、ou というつづりが [ʌ] の音を表すこともあります。また、まれに oo というつづりも [ʌ] の音を表すことがあります。

☐☐☐

| **rough** | 形 ざらざらした、粗野な、荒っぽい、大ざっぱな　▶gh = [f] |

tough	形 たくましい、困難な、骨の折れる、堅い　▶gh＝[f]

□□□

double	形 2倍の、二重の　副 2倍に　名 2倍　動 2倍にする、2倍になる
trouble*	名 困難、心配ごと、面倒、骨折り　動 わずらわせる、悩ます

□□□

touch*	動 さわる、ふれる、軽くたたく、感動させる
young*	形 若い、年下の
couple*	名 1対、1組の男女、夫婦、カップル

発音ノート ou というつづりは、あとで見る house（家）の ou のように、[áu]（ア
ウ）の音を表すほうがふつうです（⇒p.104）。

□□□

blood*	名 血、血液、血統
flood	名 洪水　動 氾濫する、水浸しにする

このほかに、o だけで [ʌ] の音を表すこともあります。その場合、job（仕
事）の o（発音記号は [ɑ]）とは違う音なので、注意しましょう。

□□□

son*	名 息子（▷sun と同音）
ton	名 トン（▷重量の単位）

□□□

month*	名（1月から12月までの）月、1か月
from*	前 ～から　（▷強調）
front*	名 前部、前面、正面、（裏に対して）表、最前線

発音ノート front は「フロント」というカタカナ言葉もあり、発音を間違えやす
い語です。in front of ～（～の前に）の形でよく使います。

□□□

dove	名 ハト
love*	名 愛、恋愛、恋人　動 愛する、大好きである
glove*	名 手袋、グラブ、グローブ

発音ノート これらの語は、o のあとに〈子音字 + e〉がくる形です。以下の語も同様です。なお、前に見たように、あとに〈子音字 + e〉の形がくる場合、o は [óu] の音を表すほうがふつうです（⇒ p.31）。

□□□

come*	動 来る、着く、やって来る
some*	形 いくらかの　代 いくらか　（▷強調）

□□□

one*	形 1つの、1人の　名 1　代 もの、1つ　▶o = [wʌ́]
none*	代 何も〜ない、だれも〜ない

発音ノート ① one の o は少し特殊です。母音の [ʌ́] の前に子音の [w] をつけて「ワ」（発音記号は [wʌ́]）と発音します。下の once の o も同様です。win（勝つ）の過去・過去分詞形の won の発音は one と同じです。② do（する）の過去分詞形 done の one は、none の one と同じ音です。

□□□

once*	副 1度、1回、かつて、以前　▶o = [wʌ́]
tongue	名 舌、言語、ことば　▶ngue → [ŋ]

発音ノート tongue の ng の発音は [ŋ]（ング）です。[ŋg]（ングゥ）ではありません。語末の ue は発音しません。

5-2　pushのu … [ú]

push（押す）の pu の発音は、「パ」ではなく「プ」です。語末が〈u ＋子音字〉の形になるときには、u はふつう「ア」に近い音（発音記号は [ʌ́]）になりますが、まれに「ウ」に近い音（発音記号は [ú]）になることもあります。

□□□

bull	名 雄牛
full*	形 いっぱいの、満ちた、十分な、腹いっぱいで
pull*	動 引く、引っぱる　名 引くこと

発音ノート [ú] は日本語の「ウ」に近い音です。すでに学習した [úː]（⇒ p.48）を単に短くしたものではありません。発音するときは、[úː] のときほどくちびるを丸めず、ゆるめて「ウ」といいます。

□□□

bush	名 低木、（低木の）茂み、やぶ
push*	動 押す、押し進める　名 押すこと、努力

□□□

put*	動 置く、（ある場所へ）動かす

oo というつづりも [ú] の音を表します。そのような単語は、数は多くはありませんが、とてもよく使うものがいくつかあります。また、まれに ou というつづりや、o だけでこの [ú] の音を表すこともあります。

□□□

book*	名 本、書物、帳簿　動 予約する
cook*	動 （火・熱で）料理する、作る　名 コック、料理をする人
hook	名 （物を掛けるための）かぎ、留め金、釣り針　動 かぎで留める
look*	動 見る、〜に見える　名 見ること、外観

[ú]

発音ノート book や look などはとてもよく使う単語ですが、oo というつづり自体は、[úː]（ウー）と発音するほうがふつうです（⇒p.50）。

□□□

good[*]	形 よい、じょうずな、適切な
hood	名 ずきん、フード、（自動車の）ボンネット
wood[*]	名 木材、（ふつう woods で）森

発音ノート wood の最初の音は [ú] ではなく [wú] です。 くちびるをギュッとすぼめて発音するようにしましょう（⇒p.53）。

□□□

foot[*]	名 足、フィート（▷約 30 センチ）、根元、（山の）ふもと
wool	名 羊毛、毛糸、毛織物
goods	名 商品、品物（▷複数扱い）　▶ds = [dz]

発音ノート goods の ds の音は、発音記号では [dz] で 2 文字ですが、実際には 1 つの音のように発音します。 前に見た [ts]（ツ）の音を「ヅ」とにごらせた音です。

□□□

could[*]	助 助動詞 can（～できる）の過去形
would[*]	助 助動詞 will（～だろう）の過去形
should[*]	助 ～すべきだ、～したほうがよい（▷shall の過去形）

□□□

wolf[*]	名 オオカミ

発音ノート o だけで [ú] と発音することはまれです。 ほかには、 STEP 2 で習う woman（女性）の o がこの発音です。

STEP 1

Coffee Break

第 4 回　英語の歌も韻を踏んでいる

英語のことわざや詩は、私たちにはあまりなじみがありませんが、

英語の歌なら、身近で親しみやすいと思います。

次の歌詞は、「大きな古時計 (My Grandfather's Clock)」の冒頭です。

My grandfather's clock was too large for the <u>shelf</u>.

　　おじいさんの時計は大きすぎて棚に納まらなかった

So it stood ninety years on the <u>floor</u>.

　　だから、90 年もの間、床に置かれていた

It was taller by half than the old man <u>himself</u>.

　　その時計は、高さがおじいさんの背丈の 1 倍半もあった

Though it weighed not a pennyweight <u>more</u>.

　　でも、重さはおじいさんとぜんぜん変わらなかった

＊「大きな古時計」：ヘンリー・クレイ・ワーク作詞・作曲

歌詞 1 行目の末尾の shelf と 3 行目の末尾の himself が韻を踏み、

2 行目の末尾の floor と 4 行目の末尾の more が韻を踏んでいます。

試しに、自分のお気に入りの英語の歌の歌詞を思い出してみてください。

韻を踏んでいるのがわかると思います。

一例をあげると、少し古いアメリカの曲「ムーン・リバー (Moon River)」では、

dream maker (夢をつむぐ人) と heart breaker (悲しみで胸を引き裂く人)、

rainbow's end (虹の涯) と round the bend (曲がり角を曲がって) と

My Huckleberry friend (私のさすらいと冒険の友)、

といった印象的な言葉が韻によって結びつけられています。

このように、韻が結びつける言葉やイメージを手がかりに、

歌詞の世界や表現の奥行きを楽しむのもいいかもしれませんね。

＊「ムーン・リバー」：ジョニー・マーサー作詞、ヘンリー・マンシーニ作曲

母音 ③

そのほかの母音
ou, ir, ear など

ここではたくさんの母音を見ていきますが、単
語の数は母音①や②ほど多くはありません。つ
づり字の中に〈母音字+r〉の形を含む単語がこ
こで初めて出てきます。

call の a … [ɔ́ː]

call (電話をかける) の ca は、「ケイ」でも「カ」でもなく、「コー」と発音します。a という文字は、すぐあとに ll や 〈l ＋子音字〉の形がくると、しばしば「オー」という音（発音記号は [ɔ́ː]）を表します。

□□□

all*	形 全部の、すべての　代 全部　副 まったく
ball*	名 ボール、球、（ストライクに対して）ボール
call*	動 呼ぶ、電話をかける　名 呼び声、（電話の）呼び出し
fall*	動 落ちる、（雨や雪が）降る、倒れる　名 秋
hall*	名 玄関、廊下、ホール、会館　▷city hall 市役所
mall	名 ショッピング街、モール
small*	形 小さい、せまい
tall*	形 高い、背が高い、身長が〜で
wall*	名 壁、塀、城壁

発音ノート [ɔ́ː] を発音するときは、[óu] のときより大きく口を開け、舌も下げて「オー」といいます。少し「アー」に近くなります。

□□□

halt	名 停止、休止　動 停止する、停止させる
malt	名 麦芽、モルト
salt*	名 塩、食塩

□□□

talk*	動 話す、しゃべる、話し合う　▶l は無音
walk*	動 歩く、散歩する、散歩させる　名 散歩、歩行　▶l は無音
chalk	名 チョーク、白墨　▶l は無音

発音ノート これらの語では、lの文字は発音されませんが、それがあることによって a が [ɔ:] の音を表しています。

□□□

bald	形 はげた、はげ頭の
false	形 誤った、偽りの、にせの
waltz	名 ワルツ、ワルツ曲（▷tz は [ts] と発音する）

発音ノート 助動詞の shall や half（半分）の a は [ɔ:] ではありませんし、あとで見る palm（手のひら）や calm（落ち着いた）の a も、ふつう [ɔ:] とは発音しません。規則性があるといっても、例外はあります。

この [ɔ:] の音を表すつづりとしては、これから見る au と aw が代表的なものです。語末が [ɔ:] の音になるときには、ふつう aw を使います。

□□□

cause*	名 原因、理由、大義　動 引き起こす　▶s = [z]
pause	名 （一時的な）休止、中断　動 休止する　▶s = [z]
clause	名 節（▷文法用語）、（条約の）条項　▶s = [z]

□□□

fault	名 欠点、欠陥、（過失の）責任
sauce	名 ソース
launch	動 （ロケットなどを）発射する、（事業などを）始める

発音ノート catch（捕まえる）と teach（教える）の過去・過去分詞形 caught, taught の au もこの音です（gh は無音）。

□□□

jaw	名 あご
law*	名 法、法律、法則
paw	名 （犬やネコなどの）足

raw	形 (食べ物が)生の、加工していない
draw*	動 (線を)引く、(鉛筆・ペンなどで)描く、引く、引っぱる
straw	名 わら、麦わら、ストロー ▷straw hat 麦わら帽子

発音ノート see (見る)の過去形 saw の aw も [ɔ́ː] の音です。なお、これらの語では、aw は語末で使われていますが、次に見るように語末以外でも使います。

□□□

dawn	名 夜明け 動 夜が明ける
lawn	名 芝生、芝地
yawn	動 あくびをする 名 あくび

発音ノート draw (引く)の過去分詞形 drawn の awn も、上の単語の awn と同じ音です。

□□□

shawl	名 ショール、肩かけ
crawl	動 はう、腹ばいで進む 名 はうこと、クロール泳法

□□□

awe	名 畏敬、畏怖 動 畏敬の念を起こさせる ▶e は無音
hawk	名 タカ(鳥)

o という文字が [ɔ́ː] の音を表すこともあります。この音は、hope (希望)の o (= [óu]) とも、job (仕事)の o (= [ɑ́]) とも違う音です。

□□□

dog*	名 犬
log	名 丸太、航海日誌、ログ

□□□

boss	名 (職場などの)長、上司、雇い主、黒幕、決定権を持つ人
loss*	名 失うこと、損失、(試合などに)負けること

[ɔ́ː]

moss	名 コケ (植物)
toss	名 投げ上げること　動 投げ上げる、ほうる
cross*	動 渡る、横切る、(足などを) 組む　名 十字架

□□□

cost*	動 (時間・費用が) かかる、要する　名 費用、代価
lost	形 失った、なくした
frost	名 霜

□□□

moth	名 ガ (昆虫)
cloth*	名 布、布地、布きれ、ふきん、テーブルクロス

□□□

long*	形 長い　副 長く　名 長い間
song*	名 歌、(鳥の) さえずり
wrong*	形 間違った、正しくない　▶w は無音
strong*	形 (力や体が) 強い、(意志などが) 強い、じょうぶな

□□□

off*	副 離れて、はずれて、(電気などが) 切れて　前 ～から離れて
soft*	形 柔らかい、穏やかな、優しい

発音ノート go (行く) の過去分詞形 gone の o の発音も [ɔ́ː] です。なお、go の o の発音は [óu] (オウ) です。

このほか、まれに ou のつづりが [ɔ́ː] の音を表すこともあります。また、例外的に oa のつづりがこの音を表すこともあります。

□□□

ought	助 (ought to で) ～すべきである　▶gh は無音
thought*	名 考え、思考　▶gh は無音

発音ノート buy (買う)、bring (持ってくる)、fight (戦う) の過去・過去分詞形 bought, brought, fought の ought も、これらの単語の ought と同じ音です。なお、thought も動詞としては think (考える) の過去・過去分詞形です。

□□□

cough 動 せきをする 名 せき ▶ gh = [f]

□□□

broad 形 幅の広い、広範囲の

発音ノート oa というつづりは、ふつう [óu] (オウ) と発音します (⇒ p.34)。例えば、road (道路) の oa は [óu] と発音します。broad や、あとで見る abroad (外国で) の oa は、例外的に [ɔ́:] と発音します。

2 palm の a … [ɑ́ː]

> palm (手のひら) の pa は、 あとに〈l +子音字〉の形がきていますが、
> 「ポー」ではなく、「パー」と発音します。a という文字は、まれに「アー」
> という音 (発音記号は [ɑ́ː]) で発音されることがあります。

☐☐☐

calm*	形 落ち着いた、穏やかな　動 静める　▶l はふつう無音
palm	名 手のひら、ヤシ (植物)　▶l はふつう無音

発音ノート [ɑ́ː] は、母音②で習った [ɑ́] をのばした音です。 発音するときは、
☐を大きく開け、舌も下げ、☐の中を広くして「アー」といいます。

☐☐☐

ah	間 ああ、おお (▷驚き、喜び、嘆きなどの感情を表す)

☞ **[ɑ́] と [ɑ́ː] は実はあまり違わない？**
　上の「[ɑ́ː] は [ɑ́] をのばした音」という説明と矛盾するようですが、実はア
メリカ発音では、[ɑ́] が [ɑ́ː] に近づいて、両者の違いがあまりなくなって
きています。 つまり、hot が [hɑ́ːt] のように発音されるということです。
そのことは知っておくといいかもしれません。

house（家）の hou は、「ホウ」ではなく「ハウ」と発音します。ou という つづりは、ふつう「アウ」という音（発音記号は [áu]）を表します。この音を表すつづりは ou と ow のみです。

□□□

house*	名 家
mouse*	名 ハツカネズミ、マウス、（パソコンの）マウス
blouse	名 ブラウス

発音ノート [áu] の発音は、日本語で「アウ」というのとほとんど同じです。「ウ」をはっきりといわず、弱くいいます。

□□□

bound	形 (bound for ～ で) ～行きの
found	動 創立する、設立する ▷founder 創立者
pound*	名 ポンド（▷重量の単位／イギリスの通貨単位）
round*	形 丸い 副 まわって 前 ～のまわりに 名 1 ラウンド
ground*	名 地面、土地、グラウンド、根拠
sound*	名 音、ひびき 動 ～に聞こえる 形 健全な

□□□

out*	副 外へ、外で、外出して
doubt	名 疑い 動 疑う、信用しない ▶b は無音
shout*	動 叫ぶ、大声で言う 名 叫び声
scout	名 偵察、見張り、新人発掘係、スカウト
trout	名 マス（魚） ▷rainbow trout ニジマス
sprout	動 芽を出す、成長し始める 名 芽、新芽、もやし

[áu]

□□□

loud*	形 音が大きい、大声の、やかましい　副 大声で
cloud*	名 雲、雲状のもの
proud*	形 誇りに思う、自尊心のある、うぬぼれた

□□□

| mouth* | 名 口、河口 |
| south* | 名 南　形 南の　副 南に |

□□□

foul	形 きたない、不快な　名 反則　動 反則する
noun	名 名詞
count*	動 数える、数に入れる、重要である　名 数えること
lounge	名 （空港・ホテルなどの）待合室、休憩室、ラウンジ

発音ノート ou というつづりは、soul（精神）のように [óu]（オウ）の音を表したり、young（若い）のように [ʌ]（ア）の音を表したりすることもありますが、最も多いのはこの [áu] の音です。

> このほか、ow というつづりが [áu] の音を表すこともあります。ou はふつう語末にはきませんが、ow は語末にくることもあります。

□□□

down*	副 下へ、下に、降りて　前 ～をくだって、～にそって
town*	名 町、都会
clown	名 道化役者、ピエロ、道化者
brown*	形 茶色の、褐色の　名 茶色、褐色
crown	名 王冠、王位
drown	動 おぼれ死ぬ、溺死させる
frown	動 顔をしかめる、いやな顔をする　名 しかめっ面

STEP 1

owl	图 フクロウ
howl	動 (動物が) 遠ぼえする、(風が) うなる　图 遠ぼえ
growl	動 (動物が) うなる　图 うなり声

bow²*	動 おじぎをする　图 おじぎ
cow*	图 雌牛、乳牛
how*	副 どうやって、どんな状態で、どれくらい
now*	副 いま、いますぐ　图 いま
wow*	間 わあ、まあ (▷喜びや驚きを表す)

発音ノート ow は [óu] (オウ) の音を表すこともあります。bow は [báu] の発音だと「おじぎ」の意味になり、[bóu] だと「弓」の意味になります (⇒ p.35)。

crowd	图 群衆　動 群がる

単語ノート すでにカタカナ言葉にもなっている「クラファン」=「クラウドファンディング (crowdfunding)」は、crowd (群衆) と funding (資金提供、基金) を組み合わせた造語です。

4   coin の oi … [ɔ́i]

coin（硬貨）の coi は、「コイ」と発音します。oi というつづりは「オイ」という音（発音記号は [ɔ́i]）を表します。これは比較的わかりやすいつづりと発音です。この音を表すつづりは oi と oy のみです。

□□□

coin*	名 硬貨、コイン
join*	動 加わる、参加する、つなぐ、つながる

発音ノート [ɔ́i] を発音するときは、口を大きめに開けて「オ」といい（[ɔ́ː] を短くした音）、弱い「イ」（[í] を弱くした音）をそえます。

□□□

oil*	名 油、石油
boil	動 わかす、煮る、ゆでる、わく、煮える
soil	名 土、土地
spoil	動 台なしにする、あまやかす
broil	動 直火で焼く、あぶる

□□□

joint	形 共同の、共有の　名 継ぎ目、関節
point*	名 点、点数、問題点、要点、先端　動 指さす

□□□

voice*	名 声
choice*	名 選ぶこと、選択、選んだもの

□□□

moist	形 湿った、湿り気のある　▷moisture 湿気
noise*	名 物音、騒音、雑音　▶s = [z]

このほか、oy というつづりが [ɔ́i] の音を表すこともあります。語末に [ɔ́i] の音がくるときは、つづりは oi ではなく、oy を使うのがふつうです。

□□□

boy*	图 少年、男の子
joy*	图 喜び
toy*	图 おもちゃ　形 おもちゃの

発音ノート 上のように、oy のつづりはしばしば語末で使われますが、STEP 2 で見る oyster（カキ）のように、語末以外で使われることもあります。

5　bird の ir … [ɚ́ːr]

bird（鳥）の bir は「バー」と発音します。ir というつづりは、ふつう「(あいまいな)アー」という音（発音記号は [ɚ́ːr]）を表します。カタカナで「アー」と書きましたが、実際は「ウー」にも聞こえるあいまいな音です。

□□□

bird*	名 鳥
third*	形 第3の、3番目の　名 3番目

発音ノート [ɚ́ːr] を発音するときは、①口を "ゆるく・小さく" 開け、②舌を〈r の発音をするとき〉(⇒p.46) のようにして「アー」といいます。「アー」とも「ウー」とも違う、あいまいな音になります。

□□□

dirt	名 よごれ、どろ、土　▷dirty きたない
shirt*	名 シャツ　▷T-shirt Tシャツ
skirt	名 スカート

□□□

girl*	名 少女、女の子
whirl	動 ぐるぐる回る　名 回転

□□□

sir*	名 (男性への呼びかけ・返事で) あなた、先生、お客さん
stir	動 かき回す、かきまぜる、(感情を) かき立てる

□□□

first*	形 第1の、最初の　副 1番目に、最初に　名 最初のもの
thirst	名 のどの渇き、渇望　▷thirsty のどが渇いた

□□□	
firm	形 かたい、強固な　名 会社、商会
birth*	名 誕生　▷birthday 誕生日
circle*	名 円、輪、仲間　動 旋回する、丸で囲む

ir のほかに、er や ur というつづりも [ə́ːr] という音を表します。i や e や u は、もともとは別の音を表しますが、r がつくと同じ音になります。

□□□	
herb	名 ハーブ、薬草、草　▶h はしばしば無音
verb	名 動詞

□□□	
nerve	名 神経　▷nervous 神経質な
serve*	動 仕える、(飲食物を)出す、応対する、奉仕する

□□□	
her*	代 彼女の、彼女を、彼女に　(▷強調)
per*	前 〜につき、〜ごとに　(▷強調)

□□□	
hers*	代 彼女のもの　▶s = [z]
term	名 (特定の)期間、学期、専門用語、(terms で)条件
verse	名 (散文に対して)韻文、詩歌、
clerk*	名 事務員、職員、店員

□□□	
burn*	動 燃える、燃やす、やけどさせる　名 やけど
turn*	動 まわる、曲がる、まわす、(〜に)変わる　名 回転、順番

□□□	
hurt*	動 傷つける、痛む　名 傷
spurt	動 噴出する、スパートする　名 噴出、スパート、力走

STEP 1

□□□

curse 　動 呪う、ののしる　名 呪い、悪口

nurse＊　名 看護師　動 看護する

purse　名 （女性用の）ハンドバッグ、財布

□□□

urge　動 （〜するように）強く促す、勧める

fur　名 （柔らかな）毛皮、毛皮製品、ふさふさした毛

curl　動 （髪を）カールさせる　名 （髪の）カール、巻き毛

curve　名 曲線、カーブ　動 曲がる

surf＊　動 サーフィンをする　▷surfing サーフィン

burst　動 破裂する、とつぜん〜する、破裂させる　名 破裂

church＊　名 （キリスト教の）教会、（教会での）礼拝

purple　形 紫色の　名 紫色

turtle　名 ウミガメ　▷turtleneck タートルネック

> このほかに、earというつづりを [ə́:r] と発音することもあります。ただし、語末が ear になるときは、この音にはなりません。

□□□

earn＊　動 （金を）かせぐ、（名声などを）得る

learn＊　動 学ぶ、習う、身につける

□□□

earth＊　名 地球、大地、土

pearl　名 真珠

search＊　動 探す、捜査する　名 捜索、調査

発音ノート　hear（聞く）の過去・過去分詞形 heard の ear は、ここで見てきた [ə́:r] の音です。なお、ear というつづりは、hear の ear のように、[íər]（イァ）と発音するほうがふつうです（⇒p.122）。

> or というつづりは、ふつうは fork（フォーク）のように、[ɔ́ːr]（オァ）と発音しますが（⇒p.116）、w のあとでは [ɔ́ːr]（アー）になります。

word*	图 語、単語、ことば
work*	動 働く、勉強する　图 仕事、勉強、作品
worm	图 （細長くて足のない）虫
world*	图 世界、世の中
worse	形 より悪い　副 より悪く
worst	形 最も悪い　副 最も悪く　图 最悪のもの
worth*	形 〜の価値がある（▷前置詞とも考えられる）　图 価値

発音ノート これらの語の「ワー」という発音は、[wáːr] ではなく [wɚ́ːr] です（[ɑ́ːr] についてはこのあとで習います）。なお、worse と worst は、bad（悪い）と badly（悪く）の比較級と最上級です。

☞ [r] と [r] は何が違うの？

ここで初めて [r]（イタリック体になった r）という発音記号が出てきました。ここから先はよく出てくる記号です。実は、これは、[r] のように 1 つの "音" を表しているのではなく、母音に "r の音色が加わる" ということを表しています。「r の音色」とは、具体的には、「舌を〈r を発音するとき〉のようにすることによって加わる音色」のことです。

6　park の ar … [άːr]

STEP 1

park（公園）の par は「パァ」と発音します。ar というつづりは、ふつう「アァ」という音（発音記号は [άːr]）を表します。「アー」とただのばすのではなく、のばしながら「r の音色」をつけるようにします。

□□□

bark＊	動 ほえる
dark＊	形 暗い　名 暗がり　▷darkness 暗やみ
mark＊	動 印をつける　名 印、目印、的、成績
park＊	名 公園　動 駐車する
spark	名 火花、輝き　動 火花を出す、スパークする
shark	名 サメ

発音ノート [άːr] を発音するときは、① [ά] の音（job の o の音）で始めて、すぐに② [ər] の音（前回習った [ə́ːr] を弱く短くした音）へ移行するようにします。□の形や舌の位置が変化します。

☞ **[άːr] はのばすだけじゃない！**
　[ά] の音をのばしながら「r の音色」をつけようとすると（＝舌を〈r を発音するとき〉のようにすると）、自然に [ά] から [ər] へと音が変わってしまいます。[ά] のままでは r の音色はつけられないからです。ですから、発音記号は [άər] としてもいいかもしれません。

□□□

art＊	名 芸術、美術、技術
cart	名 荷車、手押し車、カート
part＊	名 部分、一部、役割、（劇の）役
tart	名 タルト（洋菓子）

start*	動 始まる、出発する、始める　名 始まり、出発
chart*	名 図表、図、海図、（the charts で）ヒットチャート
smart*	形 りこうな、気のきいた、抜けめのない

□□□

arm*	名 うで、（arms で）武器
farm*	名 農場、（家畜などの）飼育場、二軍（野球）
harm	名 害、損害　動 害を与える、傷つける
charm	名 魅力、魔力、お守り　動 魅了する

□□□

card*	名 カード、はがき、クレジットカード、トランプの札
hard*	形 かたい、困難な、熱心な、激しい　副 熱心に、激しく
yard*	名 庭、裏庭　▷backyard 裏庭
guard	名 警備員、見張り　動 護衛する、見張る　▶u は無音

□□□

carp	名 コイ（魚）
harp	名 たて琴、ハープ
sharp	形 鋭い、鮮明な、急な　▷sharply 鋭く

単語ノート carp は、コイの種類が複数であることを示すとき以外は、複数形も単数形と同じ形です。プロ野球団の「中日」は「ドラゴンズ (dragons)」ですが、「広島」は「カープ (carp)」ですね。

□□□

arch	名 アーチ、弓形の門、弓形のもの
march	動 行進する　名 行進、行進曲、マーチ
March*	名 3 月

□□□

large*	形 大きい、広い	
charge	動 請求する、充電する、告発する　名 料金	

□□□

carve	動 彫る、刻む、彫刻する
starve	動 飢える

□□□

bar	名 酒場、バー、カウンター、軽食堂、棒、棒状のもの
car*	名 自動車、(列車の) 車両　▷dining car 食堂車
far*	副 遠くに、遠く、はるかに
star*	名 星、スター

□□□

barn	名 納屋、物置、家畜小屋
Mars	名 火星　▶s = [z]
marble	名 大理石、ビー玉
scarf	名 えり巻き、スカーフ
startle	動 びっくりさせる、ぎょっとさせる

ar 以外のつづりが [áːr] の音を表すことはあまりありませんが、次の2つの語では、are と ear というつづりが、例外的に [áːr] の音を表します。

□□□

are*	動 be 動詞の現在形の1つ　(▷強調)
heart*	名 心、心臓、中心　▷heartbeat 心臓の鼓動

発音ノート　ear はふつう、earth (地球) や pearl (真珠) のように [áːr] の音を表します。

> fork（フォーク）の for は「フォァ」と発音します。or というつづりは、ふ
> つう「オァ」という音（発音記号は [ɔ́ːr]）を表します。「オー」とただのば
> すのではなく、のばしながら「r の音色」をつけるようにします。

□□□

fork	名（食卓用の）フォーク、（道路などの）分岐点
pork	名 豚肉

発音ノート [ɔ́ːr] を発音するときは、① [ɔ́] の音（call の a の音 [ɔ́ː] を短くした
音）で始めて、すぐに② [ər] の音へ移行するようにします。 口の形や舌の位置が
変化します。

☞ **[ɔ́ːr] はのばすだけじゃない！**

[ɑ́ːr] のときと同じで、[ɔ́] の音をのばしながら「r の音色」をつけようとす
ると（＝舌を〈r を発音するとき〉のようにすると）、自然に [ɔ́] から [ər]
へと音が変わってしまいます。[ɔ́] のままでは r の音色はつけられないか
らです。 発音記号は [ɔ́ər] としてもいいかもしれません。

□□□

port	名 港、貿易港
sort	名 種類　動 分類する
short＊	形 短い、背の低い、不足している　▷shortly まもなく
sport＊	名 スポーツ、運動競技

□□□

cord	名 ひも、（電気の）コード
chord	名 弦、和音、コード（▷cord と同音）　▶ch = [k]
sword	名 剣、刀　▶w は無音

□□□

born*	動 (be born で) 生まれる (▷bear (生む) の過去分詞形)
corn*	名 (集合的に) トウモロコシ
horn	名 つの、ホルン (楽器)

発音ノート wear (着ている) や tear (引き裂く) の過去分詞形 worn, torn の orn も、上の単語の orn と同じ音です。

□□□

| **form*** | 名 形、形態、書式、用紙、体調　動 形成する |
| **storm*** | 名 嵐、暴風雨　▷snowstorm 吹雪 |

□□□

| **porch** | 名 ポーチ、玄関、ベランダ |
| **torch** | 名 たいまつ、トーチ　▷Olympic torch オリンピックの聖火 |

□□□

| **force*** | 名 力、暴力、武力、軍隊　動 強制する |
| **horse*** | 名 馬 |

□□□

| **north*** | 名 北　形 北の　副 北に |

□□□

or*	接 または～、さもないと～　(▷強調)
for*	前 ～のために、～にとって、～の間　(▷強調)
nor	接 (否定表現のあとで) ～もまた…ない

発音ノート これらの語では or というつづりが語末で使われていますが、これに e がついた ore というつづりが語末にくることもあります。

□□□

| **bore** | 動 退屈させる、うんざりさせる　名 うんざりさせる人 |
| **core** | 名 (リンゴなどの) 芯、中心部、核心 |

more*	形 もっと多くの　副 もっと　代 もっと多くのもの
sore	形 痛い、ひりひりする、炎症を起こした
shore	名 岸辺、海岸
score*	名 (競技の) 得点、(テストの) 点数、楽譜　動 得点する
store*	名 店、商店、たくわえ　動 たくわえる

発音ノート wear (着ている) や tear (引き裂く) の過去形 wore, tore の ore も、上の単語の ore と同じ音です。

> ほかに、oor, oar, our というつづりが [ɔ́ːr] の音を表すこともあります。
> ただし、数は少ないので、個別におぼえていけばいいでしょう。

☐☐☐

door*	名 ドア
floor*	名 床、階

発音ノート この oor というつづりは語末で使われます。 なお、poor (貧しい) という語では、oor は [úər] (ウァ) という音になります (⇒p.125)。

☐☐☐

roar	動 ほえる、とどろく
soar	動 (高く) 舞い上がる、(物価などが) 急に上がる

☐☐☐

board*	名 板、盤、掲示板、委員会　動 乗船する、乗車する

☐☐☐

four*	名 4、4つ　形 4の、4つの　▷fourth 4番目の
pour	動 注ぐ、浴びせる

☐☐☐

course*	名 進路、コース、課程、方針
source*	名 源、源泉、出所、情報源、水源

□□□

court 　名 法廷、裁判所、中庭、コート　▷tennis court テニスコート

発音ノート our というつづりは、あとで見るように、しばしば [áuər]（アウァ）という音を表します。

> ar というつづりは、ふつうは park（公園）のように、[áːr]（アァ）と発音しますが（⇒p.113）、w のあとでは [ɔ́ːr]（オァ）になります。

□□□

war＊ 　名 戦争

warm＊ 　形 あたたかい　動 あたためる　▷warmth あたたかさ

warn 　動 警告する、注意する　▷warning 警告

発音ノート w のあとでは、このようにしばしば母音が変化するので、注意が必要です（⇒p.78, 112）。

> 次の語では、例外的に awer というつづりを [ɔ́ːr] と発音します。かなり特殊な例なので、個別におぼえておけばいいでしょう。

□□□

drawer 　名（机などの）引き出し

発音ノート drawer は〈draw（引く）+ er〉でできている語で、人を表す場合（引く人、製図家、手形振出人）は [drɔ́ːər]（ドゥローァ）と発音しますが（母音は2つ）、「引き出し」の意味では [drɔ́ːr]（ドゥロァ）と発音します。

8 care の are … [éər]

care（世話）は、「カァ」ではなく、「ケァ」と発音します。are というつづりは、ふつう「エァ」という音（発音記号は [éər]）を表します。ただし、be 動詞の現在形の 1 つである are は、この発音ではありません。

☐☐☐

care*	图 世話、注意、心配　動 気にかける、気にする
dare	動 思い切って～する、あえて～する
fare*	图 (乗り物の) 料金、運賃
rare	形 まれな、めずらしい、(肉が) 生焼けの、レアの
share*	動 分かち合う、共有する　图 分け前
scare*	動 おびえさせる、こわがらせる、びっくりさせる
spare	動 (時間などを) 割く、惜しむ　形 余分の、予備の
stare	動 じっと見つめる、じろじろ見る
square*	图 正方形、四角、(四角い) 広場　形 正方形の、四角い

発音ノート [éər] を発音するときは、① [é] の音（bed の e の音）で始めて、すぐに② [ər] の音へ移行するようにします。

are のほかに、air というつづりも [éər] という音を表すことがあります。このつづりのときは、語末に e がつくことはありません。

☐☐☐

air*	图 空気、空中、様子、雰囲気　▷air conditioner エアコン
fair*	形 公平な、フェアな　图 博覧会、展示会
hair*	图 髪、髪の毛
pair*	图 一対、夫婦、つがい、ペア
chair*	图 いす

120

| **stair** | 名 階段の1段、(stairs で) 階段 |

> このほか、ear や eir というつづりも [éər] という音を表すことがあります。また、例外的に、ere というつづりもこの音を表すことがあります。

□□□

bear*	名 クマ (動物)　動 運ぶ、支える、耐える、生む
pear	名 西洋ナシ (果物)
tear¹	動 引き裂く、やぶる、やぶれる
wear*	動 着ている、身につけている
swear	動 誓う、ののしる

発音ノート 「涙」を意味する tear² の発音は [tíər] (ティァ) です。ear というつづりは、しばしば [íər] (イァ) という音を表します (⇒p.122)。

□□□

| **heir** | 名 相続人、後継者 (▷air と同音)　▶h は無音 |
| **their*** | 代 彼 (女) らの、それらの　▶th = [ð]　(▷強調) |

□□□

| **theirs*** | 代 彼 (女) らのもの、それらのもの　▶th = [ð], s = [z] |

□□□

| **there**¹* | 副 そこに、そこで、そこへ　▶th = [ð] |
| **where*** | 副 どこに、どこで、どこへ　接 ～する所に |

発音ノート there (そこに) の ere は [éər] (エァ) ですが、あとで見るように、here (ここに) の ere は [íər] (イァ) です (⇒p.123)。

hear (聞く) は「ヒァ」と発音します。ear というつづりは、ふつう「イァ」という音（発音記号は [íər]）を表します。なお、ear というつづり自体、「耳」という意味の単語です。

☐☐☐

ear*	名 耳、聴覚
dear*	形 親愛なる　名 かわいい人、あなた
fear*	名 恐れ、恐怖、不安　動 恐れる、心配する
gear	名 ギア、歯車
hear*	動 聞く、聞こえる
near*	前 ～の近くに　形 近い　副 近くに
tear²*	名 涙
year*	名 年、1 年（▷ ear との発音の違いに注意。次ページ参照）
clear*	形 はっきりした、明らかな、澄んだ　動 きれいにする

発音ノート [íər] を発音するときは、① [í] の音（big の i の音）で始めて、すぐに② [ər] の音へ移行するようにします。

☐☐☐

beard	名 あごひげ

ear のほかに、eer や ier というつづりが [íər] の音を表すこともあります。また、ere というつづりもこの音を表すことがあります。

☐☐☐

beer	名 ビール
deer*	名 シカ（▷ 複数形も deer）
cheer*	動 声援を送る、歓声をあげる、元気づける　名 声援、歓声

| **steer** | 動 かじを取る、操縦する　▷steering wheel ハンドル |

□□□

| **fierce** | 形 どう猛な、残忍な、激しい、猛烈な |
| **pierce** | 動 刺し通す、刺す、貫く、穴をあける |

□□□

| **here**[*] | 副 ここに、ここで、ここへ　名 ここ |
| **mere** | 形 ほんの、単なる、ただの |

☞ **year の発音は ear と同じ？**

year（年）の発音は [jíər] で、最初の音は [jí] です。ear（耳）の発音は [íər] で、最初の音は [í] です。両者を聞き分けるのはとても難しいですが、発音し分けるポイントは「舌の位置」です。[í] は「イ」と「エ」の間のような音で、ear というときは、舌をやや下げ気味にして「イァ」といいます。それに対して、year というときは、舌をもち上げて歯ぐきに近づけるようにして（＝日本語の「イ」に近い）「イァ」といいます。

10-1　pure の ure … [júər]

pure（純粋な）は、「プァ」ではなく、「ピュァ」と発音します。ure というつづりは、「ュァ」という音（発音記号は [júər]）を表します。u のアルファベット読みは [júː] で、[j] の音が含まれていましたが、ここにも [j] の音が含まれています。

cure	動（病気などを）治療する　名 治療、治療法
pure	形 純粋な、まじりけのない、まったくの

発音ノート　[júər] を発音するときは、① [jú] の音（use の最初の音）で始めて、すぐに② [ər] の音へ移行するようにします。

☞ [ər] ってどんな音？

少し前から [ər] という発音記号が出てきていますが、これはどんな音なのでしょうか。前に説明したとおり、[ə́ːr] を弱く短くした音なのですが、実は、これは子音の [r] と音質的には同じなのです。つまり、母音的な働きをするときには [ə́ːr] や [ər] という発音になりますが、母音の前にきて子音的な働きをするときには [r] という発音になるわけです。

10-2　lure の ure … [úər]

STEP 1

> lure（魅惑するもの）は、「リュァ」ではなく、「ルァ」と発音します。釣りで使う「ルアー（疑似餌）」の意味もあります。この ure は、前回見た「ユァ」（発音記号は [júər]）から [j] の音が落ちて、「ウァ」（発音記号は [úər]）となったものです。

□□□

lure	名 魅惑するもの、誘惑、ルアー　動 誘惑する、おびき寄せる
sure＊	形 確かな、確信して　▶s = [ʃ]

発音ノート　sure の場合は、[júər]（pure の ure）から [j] の音が落ちたというより、[j] の音がすぐ前の [s] とくっついて [sjúər]（スュァ）となり、それが [ʃúər]（シュァ）に変化したと考えられます（⇒p.166）。

> この [úər] という音をもつ語は多くはありませんが、ほかに、our や oor というつづりも、この音を表すことがあります。

□□□

tour＊	名 旅行、ツアー、見学　動 旅行する
your＊	代 あなたの、あなたたちの　（▷強調）

□□□

yours＊	代 あなたのもの、あなたたちのもの　▶s = [z]

□□□

poor＊	形 貧乏な、貧しい、かわいそうな

11　fire の ire … [áiər]

fire（火）は「ファイァ」と発音します。ire というつづりは、「アイァ」という音（発音記号は [áiər]）を表します。このつづりをもつ単語は多くはありません。

☐☐☐

fire[*]	图 火、火事　動 発砲する、解雇する
hire	動 雇う、雇用する
tire	動 疲れさせる、飽きさせる　图 タイヤ
wire	图 針金、電線

発音ノート　[áiər] を発音するときは、① [ái] の音（rice の i の音）で始めて、すぐに② [ər] の音へ移行するようにします。

☐☐☐

tired[*]	形 疲れた、飽きた　▶e は無音

単語ノート　tired は tire（疲れさせる）の過去分詞形が形容詞化したものです。「疲れさせられた」⇒「疲れた」という意味になります。発音は [táiərd] です。

12　hour の our … [áuər]

STEP 1

> hour (1 時間) は「アウァ」と発音します (h は発音しません)。our という
> つづりは、しばしば「アウァ」という音 (発音記号は [áuər]) を表します。
> なお、our というつづり自体、「私たちの」という意味の単語です。

☐☐☐

our[*]	代 私たちの
hour[*]	名 1 時間、時間、時刻　▶h は無音
sour	形 すっぱい、酸味の
flour	名 小麦粉

発音ノート　[áuər] を発音するときは、① [áu] の音 (house の ou の音) で始め
て、すぐに② [ər] の音へ移行するようにします。

☐☐☐

ours[*]	代 私たちのもの　▶s = [z]

> ほかに、ower というつづりも [áuər] という音を表すことがあります。
> ただし、これは、"音のかたまり" としては 2 つ (ow と er) に分けること
> もできます。

☐☐☐

power[*]	名 力、パワー
tower[*]	名 塔、タワー　動 高くそびえ立つ
shower[*]	名 シャワー、にわか雨
flower[*]	名 花、草花 (▷flour と同音)

補1 and の a … [ə]

and（〜と…）という単語は、強調するときは「アンド」（発音記号は [ǽnd]）と発音しますが、ふつうは弱く「ァンド」（発音記号は [ənd]）と発音します。このように弱く発音するときによく使われるのが、[ə] という母音です。あいまいな音なので「あいまい母音」とも呼ばれます。

□□□

a＊	冠 1つの、1人の （▷強：[éi]）
am＊	動 be 動詞の現在形の1つ （▷強：[ǽm]）
an＊	冠（母音で始まる語の前で）1つの、1人の （▷強：[ǽn]）
and＊	接 〜と…、そして〜 （▷強：[ǽnd]）
as＊	前 〜として　接 〜のように　▶s = [z] （▷強：[ǽz]）
at＊	前（場所を表して）〜で、（時刻を表して）〜に （▷強：[ǽt]）
can＊	助 〜できる、〜してもよい （▷強：[kǽn]）
than＊	接 〜よりも　前 〜よりも　▶th = [ð] （▷強：[ðǽn]）

発音ノート [ə] を発音するときは、①口を "ゆるく・小さく" 開けて、②弱く「ア」「ウ」「オ」といってみましょう。どれをいっても同じように、あいまいな音に聞こえたら、それがこの音と考えていいでしょう。

□□□

of＊	前 〜の、〜の中の　▶f = [v] （▷強：[ʌ́v]）
on＊	前 〜の上に、〜に接して、〜に　副 上に （▷強：[ɑ́n]）
some＊	形 いくらかの　代 いくらか （▷強：[sʌ́m]）
from＊	前 〜から （▷強：[frʌ́m]）

発音ノート これらの語では、つづりの o を [ə] と発音しています。このように、さまざまな母音字が、弱く発音されるときには [ə] の音になります。

us*	代 私たちを、私たちに （▷強：[ʌ́s]）
but*	接 しかし、だが　前 ～を除いて　（▷強：[bʌ́t]）
must*	助 ～しなければならない　（▷強：[mʌ́st]）

the*	冠 その（▷母音の前では [ði]）　▶th = [ð]　（▷強：[ðíː]）
them*	代 彼（女）らを、それらを　▶th = [ð]　（▷強：[ðém]）

will*	助 ～だろう、～するつもりである　（▷強：[wíl]）

☞ [ə] は "ゆるく弱く" 発音する

この [ə] という母音は、さまざまな母音が弱くなり、あいまいな音になったものなので、実際に発音されるときには、つづりや前後の音などに影響されて微妙に変化します。重要なことは、"あいまいになるほど弱く" 発音するということです。ゆるく弱く発音すれば、自然と [ə] に近づきます。この音は、STEP2以降、ひんぱんに現れるようになります。

＊補1～3に載っている単語は、ふつうは弱く発音しますが、強調するときは強く発音します。その場合の母音の発音を「▷強」で示してあります。

129

補2 her の er … [ər]

> her（彼女の）という単語は、強調するときは「ハー」（発音記号は [hə́ːr]）
> と発音しますが、ふつうは弱く「ハァ」（発音記号は [hər]）と発音します。
> このように、r のついた母音を弱く発音するときには、[ə] ではなく [ər]
> の音になります。

□□□

her*	代 彼女の、彼女を、彼女に	（▷強：[hə́ːr]）
per*	前 〜につき、〜ごとに	（▷強：[pə́ːr]）

発音ノート [ər] は、[ə́ːr] を弱く短くした音です。発音するときは、①口を "ゆる
く・小さく" 開けて、②舌を〈r の発音をするとき〉のようにして、弱く声を出し
ます。「r の音色」が加わったあいまいな音になります。

□□□

or*	接 または〜、さもないと〜	（▷強：[ɔ́ːr]）
for*	前 〜のために、〜にとって、〜の間	（▷強：[fɔ́ːr]）

発音ノート これらは or を [ər] と発音しています。このように、r を含むさまざ
まなつづりが、弱く発音されるときには [ər] の音になります。

□□□

are*	動 be 動詞の現在形の 1 つ	（▷強：[ɑ́ːr]）
their*	代 彼（女）らの、それらの ▶th = [ð]	（▷強：[ðéər]）
there²*	副 (There is 〜で) 〜がある ▶th = [ð]	（▷強：[ðéər]）
your*	代 あなたの、あなたたちの	（▷強：[júər]）

発音ノート 上の there は、アクセントをつけずに [ðeər] と発音することもあり
ます。「そこに」の意味の there¹ との違いにも注意しましょう（⇒p.121）。

STEP
1

補3 his の i … [i]

his（彼の）という単語は、強調するときは [híz] と発音しますが、ふつう
はアクセントをつけずに [hiz] と発音します。[í] は、もともと「イ」と「エ」
の中間のような音ですが、アクセントのない [i] は、弱く発音されること
によって、さらにあいまいな音になります。

☐☐☐

in*	前 〜の中に、〜の中へ 副 中に、中へ （▷強：[ín]）
is*	動 be 動詞の現在形の1つ ▶s = [z] （▷強：[íz]）
it*	代 それは、それを、それに （▷強：[ít]）
its*	代 それの、その （▷強：[íts]）
him*	代 彼を、彼に （▷強：[hím]）
his*	代 彼の ▶s = [z] （▷強：[híz]）
with*	前 〜と一緒に、〜を使って ▶th = [ð] （▷強：[wíð]）

発音ノート [i] を発音するときは、ゆるく弱く「イ」といえばいいでしょう。つ
づり字に影響されて「エ」や「ウ」に近くなることもある、あいまいな音です。

☐☐☐

be*	動 be 動詞の原形 （▷強：[bíː]）
he*	代 彼は （▷強：[híː]）
me*	代 私を、私に （▷強：[míː]）
we*	代 私たちは （▷強：[wíː]）
she*	代 彼女は （▷強：[ʃíː]）

発音ノート この [i] も、STEP2以降の単語で、弱い母音としてよく出てきます。
弱い母音の多くは、[ə] と [ər] と [i] の3つのどれかです。これらはどれもあい
まいな音で、[i] と [ə] の境界も明確ではない場合があります。

131

Coffee Break

第 5 回 「ABC の歌」も韻を踏んでいる？

英語の歌が韻を踏んでいるということは、前回のコラムで見たとおりですが、
では、英語を習い始めて最初におぼえる歌、「ABC の歌」はどうでしょうか。
この歌は次のような区切り (／) で歌われます。

A - B - C - D - E - F - <u>G</u> ／ H - I - J - K - L - M - N - O - <u>P</u> ／
Q - R - S, T - U - <u>V</u> ／ W - X, Y and <u>Z</u> ／
Now I know my AB<u>Cs</u>. ／ Next time won't you sing with <u>me</u>?

各パートの終わりの発音に注目しましょう。G は「ジー [dʒíː]」、
P は「ピー [píː]」、V は「ヴィー [víː]」、Z は「ズィー [zíː]」です。
また、そのあとの Cs は「スィーズ [síːz]」で、me は「ミー [míː]」です。
つまり、すべて「イー [íː]」の音で韻を踏んでいるのです。
(Cs だけ違う音が入っていますが、韻を踏むように歌われます。)

ここまで読んできて、「あれ？」と思った人がいるかもしれません。
日本では、「A - B - C - D - E - F - G」の次は、
「H - I - J - K - L - M - N」と歌うことが多いからです。
しかし、英語圏では「H - I - J - K」のあと、「L - M - N - O - P」を、
一息に「エレメノウピー [éléménóupíː]」と歌います。

これは、L, M, N の末尾の子音 ([l] と [m] と [n]) が、次にくる
M, N, O の先頭の母音 ([é] と [é] と [óu]) と「連結」するからです。
これは、最初のコラムで見たように、英語の発音としては自然ですし、
その結果、歌詞全体が韻を踏む形にもなります。

日本版の「ABC の歌」は、日本人にとっては歌いやすいかもしれませんが、
それによって、英語らしい発音が犠牲になっているのかもしれませんね。

132

STEP 2

母音が2つの単語

1507語

ここでは、母音が2つある単語を学習します。母音が2つになると、強く発音する（＝アクセントのある）母音とそうでない母音の区別がとても重要になってきます。

● STEP 2の単語には、母音が2つあります。つまり、それらの単語には、"母音を含む音のかたまり"（＝STEP 1ではそれが「単語」でした）が、2つあるということです。母音は1つを強く、もう1つを弱く発音します。

● 弱く発音する母音は、次のように、行末に発音記号で示してあります。
これを参考にして、単語はつづりを見て、自分で発音しましょう。

remote	形 （距離的・時間的に）遠く離れた、関係のうすい	[i]
promote	動 促進する、昇進させる　▷ promotion 促進、昇進	[ə]

● つづりはさまざまでも、弱く発音する母音の多くは次の3つです。

[ə]	STEP 1の〈補1〉で習った母音。あいまいな母音。
	〔例〕　attack (攻撃)、police (警察)、famous (有名な)
[ər]	STEP 1の〈補2〉で習った母音。つづりに r が含まれている。
	〔例〕　sugar (砂糖)、mother (母親)、survive (生き残る)
[i]	STEP 1の〈補3〉で習った母音。つづりは i とは限らない。
	〔例〕　basic (基礎の)、believe (信じる)、baby (赤ちゃん)

● 上の3つの母音以外のときは特に注意が必要なので、赤く表示されます。

● 弱い母音はさらに弱くなり、発音しないほうがいいという場合もあります。
そのような場合は、行末に〈—〉のマークが示されます。

● ここからは、発音に関して次のルールを追加します。

語末のアクセントのない -tion は、[ʃən]（ション）と発音します。
ただし、-stion のときのみ、[stʃən]（スチョン）と発音します。

〔例〕　station (駅)、action (行動)、question (質問)

語末のアクセントのない -ture は、[tʃər]（チャァ）と発音します。

〔例〕　nature (自然)、future (未来)、picture (絵)

後ろの母音を
強く発音する語

[○ ●]

ここでは、後ろの母音にアクセントのある単語を学習します。後ろの母音を"強く"発音することもだいじですが、前の母音を"弱く"発音することもだいじです。

〈a, ai, ay, ey, e〉

強い母音	[éi] … cake の a	○●

☐☐☐

awake	形 目がさめて　動 目がさめる	[ə]
mistake*	名 間違い、誤解　動 間違える、誤解する	[i]

☞ **弱く発音する母音のいろいろ**

行末に示される弱い方の母音の多くは、[ə] [ər] [i] の３つで、それ以外の母音は "赤く" 表示されます。それらの母音は少し強めに、はっきりと発音するようにしましょう。また、下の update の [ʌ] のように、[`] の記号がついていることがあります。これは「第２アクセント」があることを示す記号なので、より強めに発音しましょう。

☐☐☐

debate	名 討論　動 討論する	[i]
update	動 最新のものにする、更新する	[ʌ]
relate*	動 関係させる、関連させる、話す、述べる	[i]
estate	名 地所、所有地、財産　▷real estate 不動産	[i]
create*	動 創造する、創作する　▷creator 創造者、創作者	[i]
translate*	動 訳す、翻訳する　▷translator 翻訳者、翻訳機	[æ]

発音ノート create の ea は、STEP 1 で習った ea、例えば cream (クリーム) の ea とは違います。cream の ea は２文字で１つの母音 (発音は [íː]) を表していますが、create の ea は、e と a がそれぞれ１つの母音 (発音は [i] と [éi]) を表しています。アクセントは a にあります。

STEP 2

□□□

replace	動 とりかえる、とって代わる	[i]
embrace	動 抱きしめる、抱擁する　名 抱擁	[i]

□□□

arrange	動 整える、整理する、準備する	[ə]
exchange*	動 交換する　名 交換、(ことばなどの) やりとり	[i]

□□□

enable	動 (人が〜するのを) 可能にする、できるようにする	[i]
unable	形 (be unable to 〜 で) 〜することができない	[ə]

□□□

parade	名 行列、行進、パレード　動 行進する	[ə]
invade	動 侵略する、侵入する　▷invader 侵略者	[i]
persuade	動 説得する　▶su = [sw]	[ər]
afraid*	形 恐れて、心配して	[ə]

発音ノート persuade の su は [sw] と発音します。STEP1 で学習した suite (スイートルーム) の su と同じです。

□□□

remain*	動 (ある場所に) とどまる、(〜の) ままである	[i]
obtain	動 (努力して) 得る、手に入れる	[ə]
retain	動 保つ、保持する	[i]
attain	動 達成する、成し遂げる	[ə]
contain	動 含む、入っている　▷container 容器、コンテナ	[ə]
sustain	動 維持する、持続させる	[ə]
maintain	動 維持する、保つ、整備する、養う	[ei]
explain*	動 説明する	[i]
complain*	動 不平を言う　▷complaint 不平、不満	[ə]

| **campaign**[*] | 名 (社会的) 運動、キャンペーン、選挙運動　▶g は無音 | [æ] |

☐☐☐

okay, OK[*]	副 はい、オーケー　形 問題ない、元気で、よろしい	[òu]
away[*]	副 (位置が) 離れて、去って、留守で	[ə]
today[*]	名 きょう、本日、今日　副 きょうは、今日では	[ə]
delay	動 遅らせる、延期する　名 遅れ	[i]
replay	動 再び行なう、再生する	[iː]
display[*]	動 展示する、陳列する　名 展示	[i]
betray	動 裏切る、(秘密などを) もらす	[i]
obey	動 (人・命令・法律などに) 従う	[ə]
convey	動 運ぶ、(気持ちなどを) 伝える	[ə]
survey[1][*]	動 調査する、概観する、見渡す　(名 ⇒ p.225)	[ər]

発音ノート 英単語の中には、survey のように、つづりが同じでも、品詞が変わるとアクセントの位置が変わるものがあります。 そのようなものについては、意味の後ろに、別品詞の出ているページが示されています。

☐☐☐

| **cafe** | 名 軽食堂、喫茶店 (▷特殊なつづり)　▶e = [éi] | [æ] |
| **ballet**[*] | 名 バレエ (▷特殊なつづり)　▶t は無音, e = [éi] | [æ] |

発音ノート この 2 つの語の発音は変則的です。cafe は語末の e を発音します。どちらの語もフランス語由来で、e を [éi] と発音します。

☐☐☐

amaze	動 びっくりさせる、ひどく驚かす	[ə]
escape[*]	動 逃げる、逃れる　名 逃亡、脱出	[i]
engage	動 (be engaged で) 婚約している、従事している	[i]
behave[*]	動 ふるまう	[i]

ashamed	形 恥じている	[ə]
detail	名 細部、こまかい点（▷[díːteil] とも発音する）	[i]

〈i, igh, y〉

強い母音	[ái] … rice の i	○●

□□□

aside	副 わきへ、どけて、別にして	[ə]
beside*	前 〜のそばに、〜と並んで、〜と比べると	[i]
inside*	名 内側 形 内側の 副 内側に 前 〜の中で	[ì]
outside*	名 外側 形 外側の 副 外側に 前 〜の外で	[àu]
decide*	動 決める、決心する、決定する	[i]
divide*	動 分ける、分割する、割る、割り算をする	[i]
provide*	動 供給する、与える、用意する	[ə]

□□□

alive*	形 生きている、生き生きとした	[ə]
derive	動 （利益・情報などを）引き出す、由来を求める、由来する	[i]
arrive*	動 着く、到着する ▷arrival 到着	[ə]
survive*	動 生き残る、生きのびる	[ər]

□□□

arise	動 （問題などが）起こる、生じる ▶s = [z]	[ə]
surprise*	動 驚かせる 名 驚き、驚かせるもの ▶s = [z]	[ər]
advise	動 助言する、忠告する ▶s = [z]	[ə]
devise	動 考案する、発明する、くふうする ▶s = [z]	[i]

□□□

advice*	名 助言、忠告	[ə]

STEP 2

139

| device* | 名 装置、機器、しかけ、くふう、デバイス | [i] |
| precise | 形 正確な、精密な ▷precisely 正確に | [i] |

□□□

alike	形 同じような、よく似た	[ə]
unlike	前 ～とは違って 形 似ていない	[ʌ]
dislike	動 嫌う 名 嫌い、嫌悪	[i]

□□□

| full-time | 形 常勤の、フルタイムの 副 常勤で | [ú] |
| part-time | 形 パートタイムの、非常勤の 副 パートタイムで | [áːr] |

発音ノート full-time と part-time は、2 つの母音のどちらにも第 1 アクセントがあるので、同じくらいの強さで発音しましょう。2 つの語が合体してできた語では、ときおりこのようなことがあります。

□□□

define	動 定義する、（範囲などを）限定する	[i]
confine	動 限る、限定する、閉じ込める	[ə]
combine	動 結合させる、結合する ▷combination 結合	[ə]
decline	動 衰える、下落する、（丁重に）断る 名 衰え	[i]
design*	名 デザイン 動 デザインする ▶s = [z], g は無音	[i]
resign	動 辞職する、やめる ▶s = [z], g は無音	[i]
assign	動 割り当てる、任命する ▶g は無音	[ə]

□□□

unite	動 結合する、団結させる、団結する	[juː]
excite	動 興奮させる ▷excitement 興奮 ▶xc = [ks]	[i]
polite*	形 ていねいな、礼儀正しい ▷politely ていねいに	[ə]
invite*	動 招く、招待する	[i]

○● : [ái]

despite	前 〜にもかかわらず（= in spite of）	[i]
delight	名 大喜び、喜びを与えるもの　動 大喜びさせる	[i]
tonight＊	副 今夜は　名 今夜	[ə]

発音ノート excite の xc は、x が [ks] で、c が [s]（i の前）なので、[ks] と発音します。重なった [s] の音は 1 つになります。

□□□

| **behind**＊ | 前 〜の後ろに、〜より遅れて　副 後ろに | [i] |
| **remind** | 動 思い出させる、気づかせる | [i] |

単語ノート 「リマインダー」はスマホなどで利用する通知機能のことですが、reminder は remind の名詞形で「思い出させるもの〔人〕」という意味です。

□□□

rely	動 頼りにする、当てにする	[i]
July＊	名 7 月	[u]
reply＊	動 返事をする、返信する　名 返事、答え、返信	[i]
imply	動 （暗に）意味する、（〜の）意味を含む	[i]
apply＊	動 申し込む、（薬などを）つける、応用する	[ə]
supply	動 供給する、与える　名 供給、たくわえ	[ə]
deny	動 否定する	[i]
nearby	形 近くの　副 近くに	[ìər]
good-bye＊	間 さようなら、ごきげんよう（▷good-by とも書く）	[ù]

□□□

besides	前 〜のほかに　副 さらに　▶語末の des = [dz]	[i]
entitle	動 権利を与える、表題をつける	[i]
describe	動 描写する、言い表す、述べる	[i]
recycle＊	動 リサイクルする、再生利用する	[i]

141

| 強い母音 | [óu] … hope の o | ○● |

□□□

remote	形 (距離的・時間的に) 遠く離れた、関係のうすい	[i]
promote	動 促進する、昇進させる ▷promotion 促進、昇進	[ə]
devote	動 ささげる	[i]

□□□

impose	動 (税・義務などを) 課す、押しつける ▶s = [z]	[i]
oppose	動 反対する、対抗する ▶s = [z]	[ə]
suppose	動 思う、推測する ▶se の s = [z]	[ə]
expose	動 (危険などに) さらす、(秘密などを) あばく ▶s = [z]	[i]
compose	動 構成する、作る、作曲する ▶s = [z]	[ə]
propose	動 提案する、結婚を申し込む ▶s = [z]	[ə]
dispose	動 配列する、(dispose of で) 処分する ▶se の s = [z]	[i]

□□□

alone*	形 ただ1人の、ただ〜だけ 副 1人で、単独で	[ə]
unknown	形 知られていない、不明の、無名の ▶k は無音	[ʌ]
well-known	形 よく知られた、有名な ▶k は無音	[è]

□□□

ago*	副 (いまから) 〜前に	[ə]
hello*	間 やあ、こんにちは、もしもし	[ə]
below*	前 〜より下に、〜より以下で 副 下に、下記の	[i]
although*	接 〜だけれども ▶th = [ð], gh は無音	[ɔ:]

□□□

| explode | 動 爆発する、爆発させる | [i] |

postpone	動 延期する	[ou]
control*	動 支配する、(感情などを)制御する　名 支配、制御	[ə]
approach	動 近づく　名 接近、(問題などへの)取り組み方	[ə]

〈ee, e, ea, ie, ei, i〉

| 強い母音 | [íː] … feel の ee | ○● |

□□□

indeed	副 実に、本当に、まったく	[i]
succeed*	動 成功する、あとを継ぐ　▶cc = [ks]	[ə]
proceed	動 (先に)進む、(仕事などを)続ける	[ou]

発音ノート class (クラス)の ss のように、同じ子音を表す文字が 2 つ続くときは 1 つだけ発音しますが、succeed の cc は、前の c が [k] で、後ろの c が [s] (e の前)なので、[ks] と発音します。

□□□

| agree* | 動 同意する、賛成する、意見が一致する | [ə] |
| degree* | 名 (温度・角度などの)度、程度、(大学の)学位 | [i] |

□□□

| supreme | 形 最高位の、最高の | [u] |
| extreme | 形 極端な　名 極端 | [i] |

□□□

appeal	動 懇願する、求める、(心に)訴える　名 訴え、魅力	[ə]
reveal	動 (秘密などを)明らかにする、示す	[i]
conceal	動 隠す	[ə]

□□□

| belief | 名 信じること、信念、確信、信仰 | [i] |

143

| relief | 名 (苦痛などを) やわらげること、安心、救助、救援 | [i] |

□□□

believe*	動 (人のことばなどを) 信じる、～と思う	[i]
relieve	動 (苦痛などを) やわらげる、安心させる、救助する	[i]
achieve	動 達成する、成し遂げる　▷achievement 達成、業績	[ə]
deceive	動 だます、あざむく	[i]
receive*	動 受け取る、受ける、(客などを) 迎える	[i]
conceive	動 考え出す、思いつく　▷concept 概念、着想	[ə]
perceive	動 気づく、知覚する	[ər]

発音ノート believe 以下の 3 語は ie のつづりが [íː] の音を表していますが、deceive 以下の 4 語は ei のつづりが [íː] の音を表しています。

□□□

compete	動 競争する	[ə]
complete*	形 完全な、完成した　動 完成させる	[ə]
defeat	動 負かす、(計画・希望などを) くじく　名 敗北	[i]
repeat*	動 くり返す、くり返して言う	[i]
receipt	名 領収書、レシート、受領　▶p は無音	[i]

□□□

| Chinese* | 形 中国の、中国人の　名 中国人、中国語　▶s = [z] | [ài] |
| disease* | 名 病気　▶2 つの s = [z] | [i] |

□□□

release*	動 解放する、自由にする、発売する　名 解放、発売	[i]
increase¹*	動 増える、増大する、増大させる　(名 ⇒ p.195)	[i]
decrease¹*	動 減る、減少する、減少させる　(名 ⇒ p.181)	[i]
police*	名 警察、警官たち	[ə]

□□□

unique*	形 ただ 1 つの、独特の、ユニークな	[juː]
antique	形 骨董品の　名 骨董品	[æ]
technique	名 技巧、手法、テクニック	[e]

発音ノート qu のつづりはふつう [kw] と発音しますが、語末の -que (e は無音) は [k] と発音します。

□□□

between*	前 〜の間に、〜の中から	[i]
marine	形 海の、海に住む、船舶の	[ə]
machine*	名 機械　▶ch = [ʃ]	[ə]
vaccine	名 ワクチン　▶cc = [ks]	[æ]
routine	名 決まってすること、日課　形 いつもの、日常の	[uː]

発音ノート [ʃ] (シ) の音を表すのはふつう sh ですが、machine では例外的に ch が [ʃ] の音を表しています。

□□□

asleep*	形 眠って	[ə]
beneath	前 〜の下に、〜より劣る、〜に値しない	[i]

⟨u, iew⟩

強い母音	[júː] … cute の u	○●

□□□

abuse¹	名 虐待	[ə]
reuse¹	名 再利用 (▷ re- は「再び」の意味の接頭辞)	[iː]
excuse¹	名 言いわけ、口実　▶xc = [ksk]	[i]

発音ノート excuse の xc は、x が [ks] で、c が [k] なので、[ksk] と発音します。excite (興奮させる) の xc (発音は [ks]) とは違います (⇒p.140)。

abuse²	動 虐待する　▶s = [z]	[ə]
reuse²*	動 再利用する　▶s = [z]	[iː]
excuse²*	動 （人・行為を）許す　▶s = [z]	[i]
amuse	動 楽しませる　▶s = [z]	[ə]
accuse	動 非難する、告発する　▶s = [z]	[ə]
refuse*	動 拒む、断わる、拒絶する　▷refusal 拒絶　▶s = [z]	[i]
confuse	動 混同する、混乱させる、まごつかせる　▶s = [z]	[ə]

発音ノート accuse の cc は、前の c も後ろの c も [k] なので、[k] と発音します。succeed (成功する) の cc (発音は [ks]) とは違います (⇒p.143)。

☐☐☐

commute	動 通勤する　▷commuter 通勤者	[ə]
dispute	名 論争、口論　動 言い争う、論争する	[i]

☐☐☐

review	名 批評、再検討、復習　動 批評する、復習する	[i]

⟨u, ui, ue, ew, oo, o⟩

強い母音	[úː] … rule の u	○●

☐☐☐

assume	動 想定する、思い込む、（役目などを）引き受ける	[ə]
consume	動 消費する　▷consumer 消費者	[ə]
resume	動 再び始める、再び始まる　▶s = [z]	[i]

☐☐☐

include*	動 含む、含める、入れる	[i]
conclude	動 結論する、終える　▷conclusion 結論	[ə]

□□□

reduce*	動 減らす、少なくする	[i]
produce*	動 生産する、生み出す、（映画などを）製作する	[ə]

□□□

minute¹	形 微小な、微細な、詳細な	[ai]
pollute*	動 汚染する　▷pollution 汚染	[ə]
recruit	動 （新人を）募集する、採用する　名 新入社員、新兵	[i]
pursuit	名 追跡、追求、研究	[ər]

□□□

pursue	動 追う、追い求める	[ər]
renew	動 新しくする、再び始める、更新する　▷renewal 更新	[i]
taboo	名 タブー、禁忌　形 タブーの	[æ]
tattoo	名 入れずみ、タトゥー　動 入れずみをする	[æ]
bamboo	名 竹、竹材	[æ]
shampoo	名 洗髪、シャンプー、洗髪剤　動 洗髪する	[æ]

□□□

cocoon	名 （カイコなどの）まゆ	[ə]
raccoon	名 アライグマ　▷raccoon dog タヌキ	[ə]
balloon*	名 気球、風船	[ɔ]
typhoon	名 台風	[ai]

□□□

remove*	動 取り去る、取り除く	[i]
improve*	動 改善する、改良する　▷improvement 改善	[i]
approve	動 賛成する、よいと認める	[ə]

STEP 2

Coffee Break

第6回 〈子音で終わる語〉と〈you で始まる語〉

最初のコラムで、〈子音で終わる語〉のあとに〈母音で始まる語〉がくると、
子音と母音が連結してしまうことを見ましたが (⇒ p.54)、
これと同じことが〈子音で終わる語〉と〈you で始まる語〉でも起こります。
次の文を見てください。

I'll take you home.　家まで送っていくよ。

take you は「テイク ユ」ではなく、「テイキュ」になります。
発音記号で書くと、[téik ju] ではなく、[téikju] になるということです。
ちなみに、ローマ字でこの「キュ」を書くと、y が入って kyu となりますが、
英語の場合、y の表す子音は [j] という発音記号で表されます。

では、次の文を見てください。

Nice to meet you.　はじめまして。

上と同じように、meet you は「ミーテュ [míːtju]」となります。
ところが、meet you の場合は、単に音が「連結」するだけでなく、
しばしば音が「変化」して、「ミューチュ [míːtʃu]」と発音されます。
つまり、[tju] (テュ) という音が [tʃu] (チュ) という音に変化するのです。
同じようなことは次の文でも起こります。

I miss you.　あなたがいなくてさびしいです。

miss you はしばしば「ミスュ [mísju]」から「ミシュ [míʃu]」に変化します。
こうした音の変化をもたらして、それ自身は消えてしまうのが、
you という語の先頭の音、つまり発音記号で表すと、[j] の音なのです。

母音 ②

〈a〉

| 強い母音 | [ǽ] … bat の a | ○● |

□□□

exact	形 正確な、的確な、げんみつな　▶x = [gz]	[i]
react	動 反応する、反発する　▶e = [i], a = [ǽ]	[i]
attract	動 (魅力で) 引きつける、(注意・関心を) 引く	[ə]

STEP 2

発音ノート ここまでxの発音は [ks] でしたが、exact のxは [gz] と発音します。[gz] となるのは、xのあとに強く発音する母音がくるときです。 なお、STEP 2 では、[gz] になる場合はかならず〈▶x = [gz]〉の表示があります。

□□□

demand	動 要求する、必要とする　名 要求、需要	[i]
command	動 命令する、指揮する　名 命令、指揮	[ə]
expand	動 広げる、ふくらませる、広がる、ふくらむ	[i]

□□□

romance	名 恋愛関係、ロマンス、恋愛小説〔映画〕、空想小説	[ou]
finance	名 財政、財務、(複数形で) 財源　動 資金を提供する	[ə]
advance	動 進む、前進する、進歩する　名 前進、進歩	[ə]

発音ノート romance と finance は、前にアクセントをおいて、[róumæns]、[fáinæns] と発音することもあります。

□□□

| **perhaps*** | 副 もしかしたら、ことによると | [ər] |
| **collapse** | 動 崩壊する、くずれるように倒れる　名 崩壊 | [ə] |

exam[*]	名 試験　▶x = [gz]	[i]
example[*]	名 例、見本、手本　▶x = [gz]	[i]
adapt	動 適応させる、改造する、改作する	[ə]
relax[*]	動 くつろがせる、（緊張などを）ゆるめる、くつろぐ	[i]
canal	名 運河、水路　▷the Suez Canal スエズ運河	[ə]
Japan[*]	名 日本	[ə]
attack[*]	名 攻撃、発作　動 攻撃する、おそう	[ə]
attach	動 取りつける、はりつける、添える、付着する	[ə]
giraffe	名 キリン（動物）　▶g = [dʒ]	[ə]
contrast[1]	動 対照させる、対比する、対照をなす　（名 ⇒ p.204）	[ə]

発音ノート giraffe の g は、[g]（グ）ではなく [dʒ]（ジ）と発音します。なお、語末の -ge と -dge はつねに [dʒ] と発音しますが、それ以外で g を [dʒ] と発音するものについては、〈▶g = [dʒ]〉の表示があります（STEP 2 まで）。

〈i〉

強い母音	[í] … big の i	○●

exist	動 存在する　▷existence 存在　▶x = [gz]	[i]
resist	動 抵抗する　▷resistance 抵抗　▶si の s = [z]	[i]
insist	動 強く主張する、強く要求する	[i]
assist	動 援助する、手伝う　▷assistance 援助	[ə]
consist	動 （consist of ～ で）～から成る、～で成り立っている	[ɔ]

admit	動 （事実を）認める、（入場・入学などを）認める	[ə]
submit	動 提出する、投稿する、服従する	[ə]
commit	動 （罪などを）犯す、身をまかす、ゆだねる	[ə]

permit	動 許可する、許す	[ər]

□□□

until*	前 ～までずっと　接 ～するまでずっと	[ə]
Brazil*	名 ブラジル	[ə]
fulfill	動 (義務・約束などを) 果たす、(要求などを) 満たす	[u]

□□□

begin*	動 始まる、始める	[i]
within*	前 (時間・距離などが) ～以内に　▶th = [ð]	[i]

□□□

predict	動 予言する、予測する	[i]
restrict	動 制限する、限定する	[i]

□□□

equip	動 装備する、備える　▷equipment 装備、設備	[i]
forbid	動 禁じる、禁止する	[ər]
forgive	動 許す	[ər]
dismiss	動 捨てる、解雇する、解散させる	[i]
distinct	形 はっきりした、明確な、別の、別個の	[i]
convince	動 確信させる、納得させる	[ə]

〈o〉

強い母音	[á] … job の o	○●

□□□

evolve	動 進化する、発展する	[i]
revolve	動 回転する、回転させる　▷revolver リボルバー	[i]
involve	動 (問題・事件などに) 巻き込む、(必然的に) 含む	[i]

resolve	動 (問題を) 解決する、決心する、分解する　▶s = [z]	[i]

□□□

beyond	前 ～を越えて、～の向こうに、～の能力を越えて	[i]
respond	動 返答する、応答する、反応する	[i]

□□□

upon	前 ～の上に、～に接して（▷on とほぼ同じ意味を表す）	[ə]
adopt	動 (考え・方針などを) 採用する、養子にする	[ə]
o'clock*	副 ～時（▷「～時…分」の場合は使わない）	[ə]
response	名 返答、応答、反応	[i]

〈e, ea, ai〉

強い母音	[é] … bed の e	○●

□□□

elect	動 選挙する、選出する	[i]
select	動 選ぶ、選択する	[ə]
collect*	動 集める、収集する、徴収する	[ə]
neglect	動 (義務などを) 怠る、放置する、無視する　名 怠慢	[i]
reflect	動 反射する、(鏡などが) 映す、(考えなどを) 反映する	[i]
expect*	動 予期する、予想する、(期待して) 待つ、期待する	[i]
inspect	動 検査する、視察する　▷inspection 検査、視察	[i]
respect*	名 尊敬、尊重　動 尊敬する、尊重する	[i]
suspect¹	動 あやしいと思う、～だと思う　(名 ⇒ p.215)	[ə]

□□□

infect	動 感染する、伝染する（▷おもに受け身で使う）	[i]
affect*	動 影響する、作用する、(人の) 心を動かす	[ə]

effect*	名 効果、影響、結果	[i]
perfect[1]	動 完成する、仕上げる （形 ⇒ p.225）	[ər]
object[1]*	動 反対する、異議をとなえる （名 ⇒ p.201）	[ə]
reject	動 拒絶する、断わる	[i]
project[1]	動 予測する、計画する、映写する （名 ⇒ p.205）	[ə]
direct	形 直接の、まっすぐな　動 向ける、指導する	[ə]
correct*	形 正しい、正確な　動 訂正する	[ə]
connect*	動 つなぐ、結びつける、つながる	[ə]
protect*	動 守る、保護する	[ə]

発音ノート direct の i は [ai] と発音することもありますが、アメリカ発音では [ə] のほうが一般的です。

□□□

excess	名 超過、過剰、過度　▶xc = [ks]	[i]
success*	名 成功、成功したもの　▶cc = [ks]	[ə]
unless	接 もし～でなければ	[ə]
address*	名 あて名、住所、アドレス　動 あて名を書く	[ə]
depress	動 気落ちさせる、憂うつにさせる	[i]
express*	動 表現する、言い表す　形 急行の　名 急行	[i]
impress*	動 感動させる、感心させる、印象を与える	[i]
progress[1]	動 前進する、進歩する、上達する （名 ⇒ p.205）	[ə]
confess	動 白状する、告白する	[ə]
possess	動 所有する、持つ、取りつく　▶sse の ss = [z]	[ə]

□□□

defend	動 守る、弁護する	[i]
offend	動 感情を害する、不快感を与える、罪を犯す	[ə]

STEP 2

depend*	動 頼りにする、当てにする、依存する	[i]
suspend	動 ぶら下げる、（活動などを）一時停止する	[ə]
intend	動 意図する、つもりである	[i]
attend	動 出席する、通う、世話をする	[ə]
extend	動 延長する、のばす、広げる、のびる、広がる	[i]
pretend	動 （～の）ふりをする	[i]

□□□

event*	名 できごと、事件、行事、（競技の）種目	[i]
invent*	動 発明する、（作り話などを）でっちあげる	[i]
prevent	動 妨げる、防ぐ　▷prevention 防止	[i]
extent	名 程度、範囲、広さ、大きさ	[i]
content¹	形 （一応）満足して、甘んじて	[ə]
percent*	名 パーセント	[ər]
consent	動 同意する　名 同意	[ə]
present¹	動 贈呈する、提出する　▶s = [z]　（名形 ⇒ p.208）	[i]

□□□

arrest	動 逮捕する　名 逮捕	[ə]
invest	動 投資する、（労力・時間などを）つぎ込む	[i]
digest	動 消化する、吸収する　▶g = [dʒ]	[ai]
suggest*	動 提案する、ほのめかす、それとなく示す　▶gg = [dʒ]	[ə]
protest¹	動 抗議する、主張する　（名 ⇒ p.179）	[ɔ]
request	名 頼み、願い、要求　動 頼む	[i]

発音ノート　suggest の gg は、前の g が [g] で、後ろの g が [dʒ] なので、[gdʒ] という発音になりますが、[g] はしばしば省略されて、[dʒ] になります。

□□□

itself*	代 それ自身を、それ自身で	[i]
myself*	代 私自身を、私自身で	[ai]
himself*	代 彼自身を、彼自身で	[i]
herself*	代 彼女自身を、彼女自身で	[ər]
yourself*	代 あなた自身を、あなた自身で	[uər]

□□□

ourselves*	代 私たち自身を、私たち自身で　▶語末の s = [z]	[auər]
themselves*	代 彼ら自身を、彼ら自身で　▶th = [ð], 語末の s = [z]	[ə]
yourselves*	代 あなたたち自身を、あなたたち自身で　▶語末の s = [z]	[uər]

□□□

defense	名 防衛、守り、弁護、守備、守備側	[i]
offense	名 違反、罪、感情を害すること、攻撃、攻撃側	[ə]
expense	名 費用、出費、経費	[i]
intense	形 強烈な、激しい	[i]

発音ノート　defense と offense は、スポーツ用語として、「守備 (側)」「攻撃 (側)」の意味で使うときは、しばしばアクセントが前にきて、[díːfens] (ディーフェンス)、[áfens] (アフェンス) というように発音されます。

□□□

upset*	動 動揺させる、ひっくり返す　形 動揺した、怒った	[ʌ]
forget*	動 忘れる、置き忘れる	[ər]
regret	動 後悔する、悔いる、残念に思う　名 後悔、残念	[i]

□□□

hotel*	名 ホテル	[òu]
compel	動 強いて〜させる、強いる	[ə]

□□□

accept*	動 受け入れる、受けとる、認める　▶cc = [ks]	[ə]
except	前 〜を除いては、〜のほかは　▶xc = [ks]	[i]

□□□

attempt	動 試みる、くわだてる　名 試み	[ə]
contempt	名 軽べつ	[ə]

□□□

resemble	動 似ている　▶s = [z]	[i]
assemble	動 集合させる、組み立てる、集合する	[ə]

□□□

ahead*	副 前へ、前方に、先に	[ə]
instead*	副 その代わりに、（instead of 〜 で）〜の代わりに	[i]

□□□

revenge	動 復讐する　名 復讐、報復	[i]
refresh	動 さわやかにする、元気づける、（記憶を）新たにする	[i]
complex¹	形 複合の、多要素から成る、複雑な　（名 ⇒ p.203）	[ɑ̀]
again*	副 再び、もう一度	[ə]
against*	前 〜に反対して、〜に対抗して、〜にぶつかって	[ə]

発音ノート　again と against の ai は、例外的に [é] の音を表します（初出）。ただし、[éi] と発音されることもあります。

〈u, o, ou〉

強い母音	[Ʌ] … cup の u	○●

□□□

adult*	名 成人、おとな　形 成人の、おとな向けの	[ə]
result*	名 結果、成果、（試験・試合などの）成績　▶s = [z]	[i]

| **consult** | 動 (専門家などに) 意見を聞く、相談する、(辞書を) 引く | [ə] |

☐☐☐

| **adjust** | 動 調節する、調整する、順応する ▷adjustment 調節 | [ə] |
| **disgust** | 名 嫌悪、反感 動 むかつかせる | [i] |

発音ノート adjust の dj は [dʒ] と発音します。本書では、このつづりが出てくるのはこの語だけですが、dj はつねに [dʒ] と発音します。

☐☐☐

| **conduct¹** | 動 行なう、導く、指揮する (名 ⇒ p.203) | [ə] |
| **construct** | 動 組み立てる、建設する | [ə] |

☐☐☐

discuss*	動 話し合う、論じ合う	[i]
above*	前 ～の上に、～より高く、～よりすぐれて	[ə]
among*	前 ～の中で、～の間に (▷3 つ以上のものについて)	[ə]
become*	動 ～になる	[i]
enough*	形 十分な 副 十分に 名 十分な量 ▶gh = [f]	[i]

☞ **[ə] と [i] は境界もあいまい?**

[ə] も [i] も、どちらもあいまいな音です。[i] は「イ」と「エ」の間のような音ですが、これがさらに弱くあいまいになると、[ə] になってしまいます。そのため、両者の境界もあいまいになることがあります。同じ単語でも、辞書によって発音記号が違う場合もあります。ですから、この 2 つの区別については、あまり神経質になる必要はありません。大ざっぱに、[i] のほうがややはっきりした音だと考えておけばいいでしょう。

母音 ③

〈a, o, au, aw, oa〉

強い母音	[ɔ́ː] … call の a	○●

□□□

recall	動 思い出す、呼び戻す、回収する　名 呼び戻し、回収	[i]
install	動 取りつける、設置する、インストールする	[i]

□□□

along[*]	前 ～にそって、～を通って　副 先へ進んで	[ə]
belong[*]	動 (belong to ～で) ～のものである、～に所属している	[i]

□□□

because[*]	接 ～だから、～なので、なぜなら～　▶s = [z]	[i]
exhaust	動 疲れ果てさせる、使い果たす　▶x = [gz], h は無音	[i]
withdraw	動 (預金を) 引き出す、撤回する　▶th = [ð]	[i]
across[*]	前 ～を横切って、～の向こう側に　副 横切って	[ə]
abroad[*]	副 外国で、海外へ〔▷例外的に oa が [ɔ́ː] の音を表す〕	[ə]

〈a〉

強い母音	[ɑ́ː] … palm の a	○●

□□□

garage	名 車庫、ガレージ、(車の) 修理工場	[ə]
massage	名 マッサージ　動 マッサージする	[ə]

発音ノート 英語では、語末の ge はふつう [dʒ] と発音しますが (⇒ p.16)、フランス語由来の語である garage と massage は、しばしば語末の ge を [ʒ] と発音します。なお、[ʒ] の発音については p.170 を参照してください。

⟨ou, ow⟩

| 強い母音 | [áu] … house の ou | ○● |

□□□

about*	前 ～について、～のあたりに、およそ～、約～	[ə]
without*	前 ～なしで、～のない　▶th = [ð]	[i]
throughout	前 ～の間じゅう、～の隅から隅まで、～の至る所に	[uː]

□□□

around*	前 ～のまわりに、～のあちこちに　副 まわって	[ə]
surround	動 囲む、とりまく	[ə]
profound	形 深い、深遠な、重大な、心の底からの	[ə]

□□□

| **amount*** | 名 量、額　動 全部で（～に）なる、達する | [ə] |
| **account** | 名 預金口座、アカウント、報告、説明、計算書 | [ə] |

□□□

| **announce** | 動 発表する、知らせる　▷announcer アナウンサー | [ə] |
| **pronounce** | 動 発音する | [ə] |

□□□

aloud	副 声を出して	[ɔ]
allow*	動 許可する、（出入りなどを）許す	[ə]
downtown	副 繁華街へ、町の中心部へ　形 繁華街の　名 繁華街	[àu]

⟨oy, oi⟩

| 強い母音 | [ɔ́i] … coin の oi | ○● |

□□□

| **enjoy*** | 動 楽しむ | [i] |

annoy	動 いらいらさせる、いやがらせる	[ə]
employ	動 雇う、雇用する	[i]
destroy*	動 破壊する、打ちくだく、滅ぼす	[i]

□□□

avoid*	動 避ける	[ə]
appoint	動 (役職などに)任命する、(日時・場所などを)決める	[ə]

⟨er, ur, ir, ear⟩

強い母音	[ə́ːr] … bird の ir	○●

□□□

alert	形 油断のない、敏感な　名 警戒状態、警報	[ə]
desert¹	動 捨てる、見捨てる　▶s = [z]　(名 ⇒ p.210)	[i]
dessert	名 デザート（▷ディナーの最後に出るもの）　▶ss = [z]	[i]
insert	動 挿入する、差し込む	[i]
convert	動 変える、改宗させる　▷converter コンバーター	[ə]

□□□

observe	動 観察する、観測する、(法律などを)守る　▶s = [z]	[ə]
deserve	動 (賞罰などに)値する、価値がある　▶s = [z]	[i]
reserve	動 予約する、とっておく　▶s = [z]	[i]
preserve*	動 保存する、保つ、守る　▶s = [z]	[i]

□□□

refer	動 (refer to ～で) ～について言及する、～を参照する	[i]
prefer*	動 ～のほうを好む	[i]
transfer¹	動 移す、移動する、乗りかえる　(名 ⇒ p.192)	[æ]
occur	動 起こる、発生する、(occur to ～で) ～の心にうかぶ	[ə]

160

□□□

| superb | 形 すばらしい、絶妙な | [u] |
| disturb | 動 じゃまをする、かきみだす、不安にする | [i] |

単語ノート ホテルの部屋のドアに Do not disturb! などと書かれた札を出すことがありますが、これは「部屋に入らないでください」という意味です。

□□□

| concern | 名 心配、関心、関心事　動 関係する、心配させる | [ə] |
| return* | 動 帰る、戻る、返す　名 帰ること、返すこと | [i] |

□□□

confirm	動 確認する、確実にする	[ə]
emerge	動 (暗がりなどから) 出てくる、現れる	[i]
reverse	動 逆にする、裏返す　▷reversible 裏返しても使える	[i]
research*	動 調査する、研究する　名 調査、研究	[i]

発音ノート research は前にアクセントをおいて [ríːsəːrtʃ] と発音することもあります (特に名詞の場合にその傾向があります)。

〈ar〉

| 強い母音 | [ɑ́ːr] … park の ar | ○● |

□□□

| apart | 副 離れて、分かれて、ばらばらに | [ə] |
| depart | 動 出発する　▷departure 出発 | [i] |

□□□

alarm	名 警報、警報器、めざまし時計　動 ぎくりとさせる	[ə]
regard	動 (〜と) みなす、考える　名 尊敬、心づかい	[i]
remark	名 意見、感想、批評　動 (意見などを) 言う、述べる	[i]
guitar*	名 ギター　▷guitarist ギター奏者　▶u は無音	[i]

STEP 2

161

強い母音	[ɔ́ːr] … fork の or	○●

□□□

resort	名 行楽地、リゾート地、(訴える)手段　▶s = [z]	[i]
report*	名 報告、レポート、記事　動 報告する、報道する	[i]
import1*	動 輸入する　(名 ⇒ p.196)	[i]
export1	動 輸出する　(名 ⇒ p.209)	[i]
support*	動 支える、支持する、扶養する　名 支え、支持	[ə]
transport	動 輸送する、運ぶ、運送する	[æ]

□□□

record1*	動 記録する、録音する、録画する　(名 ⇒ p.211)	[i]
afford	動 (〜のための) 余裕 (金や時間) がある	[ə]
award	名 賞、賞品、賞金　動 (賞などを) 与える	[ə]
reward	名 報酬、報奨金　動 報いる	[i]
toward*	前 〜の方へ、〜に向かって、〜に対して	[ə]

発音ノート　toward の発音 (= [təwɔ́ːrd]) は、しばしば [t] のあとの [ə] が弱くなって消え、さらに [w] の音も消えて、[tɔ́ːrd] となります。

□□□

reform	動 改善する、改革する　名 改善、改革	[i]
inform	動 知らせる、通知する	[i]
perform*	動 演じる、上演する、演奏する	[ər]
transform	動 変形させる、一変させる	[æ]

□□□

before*	前 (時間・順番・位置が) 〜の前に　接 〜する前に	[i]
ignore	動 無視する	[i]

○● : [ɔ́ːr]〜[éər]

| explore | 動 探検する、調査する　▷explorer 探検家 | [i] |
| restore | 動 修復する、復旧する、回復する | [i] |

□□□

absorb	動 吸収する、（人を）夢中にさせる　▶s = [z]	[ə]
divorce	動 離婚する、離婚させる　名 離婚	[i]
New York*	名 ニューヨーク市（= New York City）、ニューヨーク州	[ùː]

発音ノート absorb は、[əbsɔ́ːrb]（s = [s]）と発音することもありますが、最近では [əbzɔ́ːrb] のほうが主流になってきています。

〈are, air〉

| 強い母音 | [éər] … care の are | ○● |

□□□

aware	形 気づいて	[ə]
declare	動 宣言する、断言する	[i]
prepare*	動 準備する、用意する、準備させる、覚悟させる	[i]
compare*	動 比べる、比較する	[ə]
affair	名 事（こと）、事柄、事情、事務、事件、情事	[ə]
unfair	形 不公平な、不正な	[ʌ]
repair*	動 修理する、なおす　名 修理	[i]
despair	名 絶望　動 絶望する	[i]

□□□

| upstairs | 副 上の階へ、2階へ　▶語末の s = [z] | [ʌ] |
| downstairs | 副 下の階へ　▶語末の s = [z] | [àu] |

発音ノート upstairs と downstairs は、前の母音にも第2アクセントではなく第1アクセントをおいて発音することがあります。

強い母音	[íər] … hear の ear	○●

□□□

appear*	動 現れる、姿を現す、(〜のように) 見える	[ə]
career	名 職業、経歴、履歴	[ə]
severe	形 厳しい、厳格な、激しい ▷severely 厳しく	[i]
sincere	形 誠実な、心からの ▷sincerely 心から	[i]
frontier	名 辺境、フロンティア、(学問などの) 最先端	[ʌ]

単語ノート 「開拓者精神」のことを frontier spirit といいます。「フロンティア・スピリット」とカタカナ言葉にもなっています。

強い母音	[júər] … pure の ure	○●

□□□

secure	形 安全な 動 安全にする、確保する	[i]

強い母音	[úər] … lure の ure	○●

□□□

endure	動 耐える、がまんする	[i]
ensure	動 確実にする、確かめる、保証する ▶s = [ʃ]	[i]
assure	動 保証する、確信させる ▶ss = [ʃ]	[ə]
mature	形 成熟した、成長した、(果物などが) 熟した ▶t = [tʃ]	[ə]

発音ノート mature の ture は [tʃúər] (チュア) と発音します。ほかに、[túər] (トゥァ)、あるいは [tjúər] (テュア) と発音することもあります。

t が [tʃ] (チ) の音を表す？

mature の -ture の発音が [tʃúər] (チュァ) になるのは、sure が [ʃúər] (シュァ) になるのと同じです (⇒p.125)。ure (= [júər]) に含まれている [j] の音が [t] にくっついて [tj] (ティ) となり、それが [tʃ] (チ) に変化したと考えられます。ポイントとなるのは [j] の音です (⇒p.166)。

〈ire〉

強い母音	[áiər] … fire の ire	○●

STEP 2

□□□

admire	動 感嘆する、感心する	[ə]
desire	名 欲望、(強い) 望み　動 強く望む　▶s = [z]	[i]
retire	動 引退する、(定年) 退職する	[i]
entire	形 全体の、全部の、(ひと組のものが) 全部そろった	[i]
inspire	動 (人を) 奮い立たせる、霊感を与える	[i]
acquire	動 得る、(技能などを) 身につける　▶cqu = [kw]	[ə]
require	動 必要とする、要求する	[i]
inquire	動 問い合わせる	[i]

発音ノート acquire の cqu は [kw] と発音します。c が [k] で、qu が [kw] なので、同音の [k] が 1 つになり、cqu の発音も [kw] になります。

165

Coffee Break

第7回　u と i に注意しよう！

前回のコラムでは、meet you や miss you を例にあげて、
you の先頭の音、つまり [j] の音が、前の子音 (t や s の音) と連結し、
さらには、その子音に変化をもたらすのを見ました。

こうした子音の変化は、実は単語の中でも起こっています。
といっても、y がそのような変化をもたらすわけではありません。
重要なのは、y の文字ではなく、[j] の音です。

その [j] の音をもつのが u という文字です。
u や ure は、母音として [júː] (ユー) や [júər] (ユァ) の音を表します。
また、弱い母音の [jə] (ヤ) や [jər] (ヤァ) などになることもあります。
例えば、failure (失敗) の -lure は「リャァ [ljər]」となります。

その u がもつ [j] の音と結びついて、u の前の子音が変化するのです。
sure [ʃúər] (確かな) では、s が [ʃ] (シ) の音を表し、
nature [néitʃər] (自然) では、t が [tʃ] (チ) の音を表し、
educate [édʒəkèit] (教育する) では、d が [dʒ] (ジ) の音を表します。

u のほかに、もう1つ、そうした変化をもたらす文字があります。
それが i です。i は、それ自身が [j] の音になることがあるのです。
例えば、junior (年下の) の発音は、i が [j] になるため、
「ジューニア」ではなく、「ジューニャァ [dʒúːnjər]」となります。

その [j] の音になった i と結びついて、子音が変化するのです。
vision [víʒən] (視力) では、si が [ʒ] (ジ) の音を表し、
station [stéiʃən] (駅) では、ti が [ʃ] (シ) の音を表し、
question [kwéstʃən] (質問) では、ti が [tʃ] (チ) の音を表します。

前の母音を
強く発音する語

[●○]

母音① ············ 168
母音② ············ 187
母音③ ············ 220

前の母音にアクセントがきて、後ろの母音が弱
くなる場合、子音が変化したり、母音を発音し
なくなったりすることがあるため、発音がやや
複雑になります。

母音 ①

〈a, ay, eigh, ea, ai〉

強い母音	[éi] … cake の a	●○

□□□

nation	图 国民、国家	[ə]
station˚	图 駅、発着所、署 ▷ police station 警察署	[ə]

発音ノート nation や station の -tion は [ʃən] (ション) と発音します。ti が [ʃ] の音を表しています。 よく出てくる形なので、おぼえておきましょう。

□□□

facial	形 顔の ▶ ci = [ʃ]	[ə]
racial	形 人種の ▶ ci = [ʃ]	[ə]

発音ノート facial や racial の ci は [ʃ] と発音します。-cial で [ʃəl] (シャウ) となります。 あとで見る social (社会の) や precious (貴重な) の ci も同様です。

> **i が子音を変化させる?**
> nation や facial では、t や c が、i と結びつくことによって、[t] や [s] の音から [ʃ] の音に変化しています。 このように、i という文字は直前の子音を変化させることがあるのですが、そのしくみについては、コラムでやや詳しくふれているので、参考にしましょう (⇒ p.166)。

□□□

favor	图 親切な行為、好意 動 好意を示す、賛成する	[ər]
flavor	图 (特有の)風味、味、香り 動 味をつける	[ər]

□□□

lazy	形 なまけ者の、ぶしょうな	[i]
crazy	形 気が変な、正気でない、熱中して、夢中で	[i]

発音ノート 語末に弱く発音する [i] がくるのは、この本では初めてですが、同じ [i] でも、語末にくる場合は、日本語の「イ」に近い音で少し長めに発音します。

□□□

layer	名 層、重なり、階層　▷ozone layer オゾン層	[ər]
player*	名 選手、競技者、演奏家、俳優	[ər]
mayor	名 市長、町長	[ər]

STEP 2

発音ノート 上の 3 語では ay というつづりが [éi] の音を表しています。 なお、ozone layer の ozone (オゾン) の発音は [óuzoun] となります。

□□□

baby*	名 赤ん坊、赤ちゃん	[i]
maybe*	副 もしかしたら、ひょっとして	[i]

発音ノート maybe は助動詞の may と be 動詞の be が合体してできた語で、語末の e は無音ではなく [i] と発音します。

□□□

labor	名 (つらい) 労働、(骨の折れる) 仕事　動 労働する	[ər]
neighbor*	名 となりの人、近所の人　▶gh は無音	[ər]

□□□

lately	副 最近、近ごろ	[i]
greatly	副 大いに、非常に	[i]

□□□

Asia*	名 アジア　▶si = [ʒ]	[ə]
Asian	形 アジアの、アジア人の　名 アジア人　▶si = [ʒ]	[ə]
agent	名 代理人、仲介者、代理店、スパイ　▶g = [dʒ]	[ə]
angel	名 天使　▶g = [dʒ]	[ə]
ancient*	形 古代の、昔の　▶ci = [ʃ]	[ə]

April*	名 4 月	[ə]
apron	名 エプロン、前掛け、（空港の）エプロン	[ə]
eighty*	形 80 の、80 個の　名 80、80 個	[i]

発音ノート　Asia の si は [ʒ] と発音します。-sia で [ʒə]（ジャ）となります。
Asian の si も同様です。ここでは、s が i と結びついて音が変化しています。

☞　**注意すべき子音⑥ 初めて出てきた [ʒ] の発音**
これまで [dʒ] の音は何度も出てきましたが、[ʒ] の音が出てくるのは、こ
れが初めてです。[ʒ] を発音するときは、[ʃ]（シ）というときの舌の位置
（＝舌を上の歯ぐきにつけない）で音をにごらせます。[tʃ]（チ）をにごらせ
た [dʒ]（日本語の「ジ」に近い）とは違う音です。

□□□

paper*	名 紙、新聞、答案、論文、書類	[ər]
patient*	形 がまん強い　名 患者、病人　▶ti = [ʃ]	[ə]
patience	名 忍耐、がまん、がまん強さ　★　▶ti = [ʃ]	[ə]
painful	形 痛い、つらい、骨の折れる	[ə]
painter*	名 画家、絵をかく人、ペンキをぬる人	[ər]
painting*	名 （絵の具で描いた）絵、絵を描くこと、ペンキをぬること	[i]
payment	名 支払い、支払金	[ə]

発音ノート　patient の ti は [ʃ] と発音します。-tient で [ʃənt]（シャント）となりま
す。station（駅）の ti を [ʃ] と発音するのと同じです。patience の ti も同様です。

□□□

bacon	名 ベーコン	[ə]
basic*	形 基礎の、基本的な	[i]
basin	名 洗面器、盆地	—
basis	名 基礎、根拠	[i]

baseball[*]	名 野球、野球のボール	[ɔː]
basement	名 地階、地下室	[ə]

発音ノート basin の sin は、母音を入れずに [sn] と発音するようにします。弱い母音は、さらに弱くなって発音しなくなることがあります。

☞ 〈発音しない e〉がつづりの途中にある？
「母音が 1 つの単語」では、語末に〈発音しない e〉がくることがありましたが（例えば base）、そのような単語に、ほかの単語（例えば ball）がついて新しい単語をつくったり（⇒ baseball）、接尾辞（例えば -ment）がついて派生語をつくったり（⇒ basement）すると、〈発音しない e〉がつづりの途中にきます。このあと見る safely や safety の e も同様です。

□□□

sacred	形 神聖な、聖なる	[i]
safely[*]	副 安全に、無事に	[i]
safety[*]	名 安全、無事	[i]
sailor	名 船員、船乗り、水兵	[ər]
saying	名 ことわざ、格言	[i]

□□□

navy	名 海軍　▷navy blue 濃紺色	[i]
native[*]	形 生まれ故郷の、（その土地に）固有の、生まれつきの	[i]
nature[*]	名 自然、自然界、性質、性格	[ər]

発音ノート nature の -ture は [tʃər]（チャァ）と発音します。アクセントのない語末の -ture は [tʃər] と発音します。よく出てくる形なのでおぼえておきましょう。

□□□

data[*]	名 資料、データ	[ə]
danger[*]	名 危険　▶g = [dʒ]	[ər]

| daily* | 形 毎日の　副 毎日 | [i] |

□□□

| major* | 形 大きいほうの、大きな　動 (major in ～で) 専攻する | [ər] |
| mailbox | 名 郵便ポスト、郵便受け | [ɑ̀] |

□□□

| famous* | 形 有名な | [ə] |
| failure | 名 失敗、(試験での) 落第、失敗者 | [jər] |

発音ノート failure の -lure は [ljər] (リャァ) と発音します。[j] の音が入ることに注意しましょう。ここで初めて出てきた [jər] という母音は、STEP 1 で学習した [júər] (pure の ure) が弱くなったものです。

□□□

racism	名 人種差別　▷racist 人種差別主義者　▶s = [z]	[i]
grateful	形 感謝する、ありがたく思う	[ə]
stranger*	名 知らない人、よその人、不案内な人　▶g = [dʒ]	[ər]
rainy*	形 雨の、雨の多い	[i]
rainbow*	名 にじ	[òu]
raincoat	名 レインコート	[òu]
railroad	名 鉄道、鉄道路線 (▷英では railway)	[òu]
training*	名 訓練、トレーニング	[i]

□□□

lady*	名 ご婦人、淑女	[i]
label	名 はり紙、ラベル、レーベル　動 ラベルをはる	[ə]
later*	副 あとで、もっと遅く　形 もっと遅い、もっとあとの	[ər]
latest	形 最新の、いちばん遅い　副 いちばん遅く、最後に	[i]
playground	名 (学校の) 運動場、(公園などの) 遊び場	[àu]

□□□

| **status** | 图 地位、身分、信用 | [ə] |
| **statement** | 图 声明、申し立て、述べること | [ə] |

□□□

| **hatred** | 图 憎しみ、憎悪、嫌悪 | [i] |
| **capable** | 形 能力がある、できる | [ə] |

⟨i, y, igh⟩

| 強い母音 | [ái] … rice の i | ●○ |

STEP 2

□□□

| **tiny** | 形 ちっちゃな、ちっぽけな | [i] |
| **shiny** | 形 輝く、ぴかぴかの、光る（▷ shine の形容詞形） | [i] |

□□□

| **diner** | 图 (道路沿いの) 簡易食堂、食堂車 | [ər] |
| **minor** | 形 小さいほうの、少数の、重要でない、(音楽の) 短調の | [ər] |

□□□

| **diet** | 图 (日常の) 食事、食事療法、(the Diet で) 国会 | [ə] |
| **quiet*** | 形 静かな、穏やかな | [ə] |

発音ノート diet や quiet の ie は、1 つの母音ではなく、i と e がそれぞれ 1 つの母音 ([ái] と [ə]) を表しています。次の giant の ia や client の ie も同様です。

□□□

| **giant** | 图 巨人、大男、偉人　形 巨大な　▶g = [dʒ] | [ə] |
| **client** | 图 依頼人、顧客、クライアント | [ə] |

□□□

| **idol** | 图 偶像、崇拝される人、アイドル | — |
| **item** | 图 項目、(商品などの) 品目、細目 | [ə] |

173

island*	名 島　▶s は無音	[ə]
iceberg	名 氷山	[ə́:r]
eyebrow	名 まゆ、まゆ毛　▷eyelid まぶた　▶eye = [ái]	[àu]
eyesight	名 視力、視覚　▶eye = [ái], gh は無音	[ài]

発音ノート　idol (発音記号は [áidl]) は、語末の l が「ウ」や「オ」に近い音になる
ため (⇒p.17)、「アイドゥ」のような発音になります。

□□□

silent*	形 無言の、沈黙の、静かな	[ə]
silence	名 沈黙、無言、静けさ	[ə]
sidewalk	名 (車道に対して)歩道　▶l は無音	[ɔ̀:]
science*	名 科学、理科　▶sc = [s]	[ə]

□□□

tidy	形 きちんと片づいた、整然とした	[i]
tiger*	名 トラ (動物)	[ər]
timetable	名 時刻表、予定表	[èi]

□□□

hiking	名 ハイキング、徒歩旅行	[i]
highly	副 非常に、高度に、(評価などが)高く　▶gh は無音	[i]
highway	名 幹線道路 (▷「高速道路」は expressway)　▶gh は無音	[èi]

□□□

fiber	名 繊維　▷optical fiber 光ファイバー、光学繊維	[ər]
final*	形 最後の、最終の、最終的な　名 決勝戦	—

□□□

virus	名 ビールス、ウイルス	[ə]
vital	形 生命の、生命にかかわる、重大な、不可欠な	—

174

●○：[ái]

China* 图 中国 [ə]

childhood 图 子どものころ、子ども時代 [ù]

□□□

pilot* 图 パイロット、操縦士、水先案内人 [ə]

pirate 图 海賊、著作権侵害者 [ə]

pineapple 图 パイナップル　▶pine の e は無音 [æ]

spider 图 クモ（節足動物） [ər]

発音ノート pineapple は pine（松）と apple（リンゴ）の 2 つの単語が合体してできた単語です。pine- の e は発音しないため、nea の発音は n と a の音がくっついて [næ] になります。

□□□

widely 副 広く、広範囲に [i]

widespread 形 広まった、普及した [é]

twilight 图 （日没後や日の出前の）うす明かり、たそがれ（時） [ài]

発音ノート widespread は 2 つの母音のどちらにも第 1 アクセントがあります。同じように強く発音しましょう。

□□□

lion* 图 ライオン　▶i = [ái], o = [ə] [ə]

likely 形 ありそうな、〜しそうな、もっともらしい [i]

license 图 免許証、許可証、免許　動 許可を与える ―

lifetime 图 生涯、寿命 [ài]

climate* 图 気候、風土　▷climate change 気候変動 [ə]

slightly 副 少し、わずかに　▶gh は無音 [i]

□□□

rival 图 競争相手、匹敵するもの　動 競争する、匹敵する ―

175

writer[*]	图 作家、著者、書く人、筆者	[ər]
trial	图 裁判、試すこと、試験、試練	[ə]
triumph	图 勝利、大成功、勝ち誇り	[ə]
triangle	图 三角形	[æ]
striking	形 きわだった、目立つ、印象的な	[i]
crisis	图 危機	[i]
driver[*]	图 運転する人、運転手	[ər]
Friday[*]	图 金曜日	[èi]
frighten[*]	動 こわがらせる、びっくりさせる　▶gh は無音	—
private[*]	形 個人の、私的な、内密の　▷privacy プライバシー	[ə]
bridegroom	图 花婿　▷bride 花嫁	[ùː]

□□□

minus	形 マイナスの、負の　前 ～を引いた	[ə]
ninety[*]	形 90 の、90 個の　图 90、90 個	[i]
bicycle[*]	图 自転車	[i]
kindness	图 親切、親切な行為	[ə]
guidance	图 指導、案内、ガイダンス　▶u は無音	—

〈o, ou, ow〉

強い母音	[óu] … hope の o	●○

□□□

motion	图 (物体の)運動、運行、(身体の)動作	[ə]
notion	图 考え、観念、意見	[ə]

□□□

only[*]	形 ただ 1 つ〔1 人〕の　副 単に、ただ～だけ	[i]

| **lonely*** | 形 ひとりぼっちの、さびしい、人里離れた | [i] |

□□□

| **holder** | 名 所持する人、所有者（▷しばしば複合語をつくる） | [ər] |
| **shoulder*** | 名 肩 | [ər] |

単語ノート holder を使った複合語には、stockholder [stákhòuldər]（株主）、titleholder [táitlhòuldər]（選手権保持者）などがあります。

□□□

| **holy** | 形 神聖な、信心深い | [i] |
| **slowly*** | 副 ゆっくりと、遅く、のろく | [i] |

□□□

open*	動 開ける、開く　形 開いている、開いた	[ə]
over*	前 ～の上に、～を越えて　副 向こうへ、終わって	[ər]
ocean*	名 大洋、海　▶ce = [ʃ]	[ə]
owner*	名 所有者、持ち主、オーナー	[ər]

発音ノート ocean の ce は [ʃ] と発音します。-cean で [ʃən]（シャン）となります。なお、ce を [ʃ] と発音することはまれで、この本では ocean だけです。

□□□

motor	名 モーター、エンジン	[ər]
motive	名 動機　▷motivate 動機を与える	[i]
mobile	形 移動できる、動きやすい　▷mobile phone 携帯電話	[ə]
moment*	名 瞬間、ちょっとの間	[ə]
mostly	副 大部分は、たいてい、概して	[i]

発音ノート mobile の i は [ai] と発音することもありますが、これはおもにイギリス発音です。日本語の「モバイル」はそれから来ています。

soda	名 炭酸水、（味つき）ソーダ水、ソーダ	[ə]
sofa*	名 ソファー、長いす	[ə]
solar*	形 太陽の、太陽光を利用した ▷solar system 太陽系	[ər]
social*	形 社会の、社会的な、社交の ▶ci = [ʃ]	[ə]
soldier*	名 兵士、兵隊 ▶di = [dʒ]	[ər]

発音ノート soldier の di は [dʒ] と発音します。-dier で [dʒər]（ジャァ）となります。ここでは、d が i と結びついて音が変化しています。

hopeful	形 希望に満ちた、有望な ▷hopefully 希望にみちて	[ə]
hopeless	形 希望のない、見込みのない	[ə]
hometown*	名 生まれ故郷の町、故郷	[àu]
homework*	名 宿題 ▷housework 家事	[ə̀ːr]

単語ノート hopeless の -less は「～のない」「～できない」などの意味を表します。ほかに、endless（終わりのない）、needless（必要でない）などがあります。

| golden | 形 金色の、金の、貴重な、全盛の | — |
| goldfish | 名 金魚 | [ì] |

| focus* | 動 焦点を合わせる、集中する 名 焦点 | [ə] |
| photo* | 名 写真（▷photograph の略） | [ou] |

no one*	代 だれも～ない ▶one = [wʌ́n]	[ʌ̀]
notice*	動 気がつく、注意する 名 掲示、通知、注意、注目	[i]
notebook*	名 ノート、手帳	[ù]
nowhere	副 どこにも～ない ▶no = [nóu]	[è ər]

| **snowy**[*] | 形 雪の降る、雪の多い、雪の積もった　▶now = [nóu] | [i] |

□□□

poem[*]	名 (1編の)詩　▶o = [óu], e = [ə]	[ə]
poet	名 詩人　▶o = [óu], e = [ə]	[ə]
poster[*]	名 ポスター、貼り紙	[ər]
postcard[*]	名 はがき、絵はがき（▷post card とも書く）	[ùːr]
spoken	形 話しことばの、口で言う	[ə]
spokesman	名 スポークスマン、代弁者、広報担当者、報道官	[ə]

□□□

local[*]	形 その土地の、地元の、（列車が）各駅停車の	[ə]
locate	動 （〜の）位置を突きとめる、位置を定める	[ei]
global[*]	形 地球全体の、世界的な　▷global warming 地球温暖化	[ə]
closely	副 綿密に、注意して、接近して	[i]
clothing	名 衣類、衣料品、（衣・食・住の）衣　▶th = [ð]	[i]
lower	動 低くする、下げる　形 より低い（▷low の比較級）	[ər]

□□□

robot[*]	名 ロボット	[ɑ]
rotate	動 回転する、回転させる　▷rotation 回転	[ei]
frozen	形 凍った、冷凍した　▷frozen food 冷凍食品	―
trophy	名 トロフィー、賞品、戦利品	[i]
profile	名 横顔、（人物などの）紹介、プロフィール	[ai]
program[*]	名 番組、出し物、プログラム、計画	[æ]
protein	名 たんぱく質　▷animal protein 動物性たんぱく質	[iː]
protest[2]	名 抗議　（動 ⇒ p.154）	[e]

STEP 2

bonus	图 賞与、ボーナス	[ə]
total *	形 全体の、総計の、完全な　图 合計、総額	—
donate	動 (慈善事業などに) 寄付する　▷donation 寄付	[ei]

〈ee, ea, ei, e, i, ey〉

強い母音	[íː] … feel の ee	●○

□□□

meeting *	图 集会、会	[i]
greeting *	图 あいさつ、(greetings で) あいさつのことば	[i]

□□□

reason *	图 理由、わけ、理性、分別　▶s = [z]	—
season *	图 季節、時期、シーズン　▶son の s = [z]	—

□□□

leader *	图 指導者、先頭に立つ人　▷leadership 指導力	[ər]
reader	图 読む人、読者、読書家、読本	[ər]

□□□

leading	形 主な、主要な、一流の、先頭に立つ	[i]
reading	图 読むこと、読書	[i]

□□□

teacher *	图 先生、教師	[ər]
feature	图 特徴、呼び物、顔のつくり　動 ～を呼び物とする	[ər]
creature	图 生き物、動物、人間、人、やつ	[ər]

発音ノート -cher と -ture の 2 つのつづりが [tʃər] の音を表していることに注意しましょう。

□□□

either*	副 〜もまた（…ない）　形 どちらか一方の　▶th = [ð]　[ər]
neither	副 〜もまた…ない　形 どちらの〜も…ない　▶th = [ð]　[ər]

□□□

feeling*	名 （特定の）感じ、印象、感覚、（feelings で）感情　[i]
ceiling	名 （建物の）天井、（価格などの）上限　[i]

□□□

even*	副 〜さえ、〜ですら　形 平らな　―
evil	形 （道徳的に）悪い、邪悪な　名 悪、罪悪　―
evening*	名 夕方、晩（▷ふつう日没から寝るまで）　[i]
email*	名 電子メール、E メール　動 電子メールを送る　[èi]
equal*	形 等しい、平等な　名 同等の人　動 等しい　[ə]
easy*	形 容易な、やさしい、気楽な、くつろいだ　▶s = [z]　[i]
eager	形 熱心な、熱望している　[ər]
Easter	名 復活祭　▷Easter egg イースターエッグ　[ər]
eastern	形 東の、東洋の、（米国の）東部の　[ər]

STEP 2

発音ノート　evening は母音が 3 つあるように見えるかもしれませんが、母音を中心とする音のかたまりは、eve-（あとの e は無音）と -ning の 2 つです。

□□□

deeply*	副 深く　[i]
defect	名 欠点、欠陥（▷[difékt] と発音することもある）　[e]
decrease²	名 減少、減少量　（動 ⇒ p.144）　[iː]

□□□

Venus	名 金星、ビーナス（▷愛と美の女神）　[ə]
vehicle	名 乗り物、車　▶h はしばしば無音　[i]
visa	名 ビザ、入国許可証　▶s = [z]　[ə]

□□□

fever*	名 (病気の) 熱、熱病、熱気、熱狂	[ər]
female*	形 女性の、(動植物が) めすの　名 女性、めす	[ei]

□□□

secret*	名 秘密、ひけつ　形 秘密の	[ə]
senior*	形 年上の、先輩の　名 年長者、先輩　▶ni = [nj]	[ər]

発音ノート senior の -nior は [njər]（ニャァ）と発音します。ni の i が [j] の音になることに注意しましょう。あとで見る genius（天才）や union（組合）の ni も同様です。

□□□

meaning*	名 意味、意義	[i]
meanwhile	副 その間に、そうするうちに、一方では	[ài]

□□□

species*	名 (生物の) 種　▶ci = [ʃ], 語末の s = [z]	[i:]
peanut	名 ピーナッツ	[ʌ]
peaceful*	形 平和的な、平和な、穏やかな	[ə]
speaker*	名 話す人、演説者、スピーカー、拡声器	[ər]
pizza*	名 ピザ（▷イタリア語から）　▶zz = [ts]	[ə]

発音ノート pizza の zz は、例外的に [ts] と発音します。-zza で [tsə]（ツァ）となります。

□□□

weekly	形 毎週の、週刊の　副 毎週　名 週刊誌	[i]
weekday	名 平日、ウィークデー	[èi]
weekend*	名 週末（▷金曜日の晩を含むこともある）	[è]
wheelchair*	名 車いす	[èər]

●○ : [íː]

sleepy*	形 眠い、眠そうな	[i]
legal	形 法律の、法律上の、合法的な	[ə]
leisure	名 ひま、余暇、（形容詞的に）ひまな　▶sure = [ʒər]	[ər]
liter	名 リットル	[ər]

発音ノート　leisure の s は [ʒ] と発音します。-sure で [ʒər]（ジャァ）となります。あとで見る pleasure（喜び）などの -sure も同様です。アクセントのない語末の -sure は、s の前が母音のときは [ʒər] と発音します。

□□□

freely	副 自由に、遠慮なく	[i]
freedom	名 自由	[ə]
greenhouse*	名 温室　▷greenhouse effect 温室効果	[àu]
real*	形 現実の、実在の、本当の　▶e = [íː], a = [ə]	[ə]
recent	形 近ごろの、最近の	―
region	名 地方、地域、領域　▶gi = [dʒ]	[ə]
resource*	名 (ふつう resources で) 資源、財源	[ɔːr]
frequent	形 たびたびの、しばしば起こる	[ə]
treaty	名 (国家間の) 条約　▷peace treaty 平和条約	[i]
treatment	名 治療、手当て、取り扱い、扱い方	[ə]

発音ノート　①real は [ríːl] と発音されることもあります。②region の gi は [dʒ] と発音します。-gion で [dʒən]（ジョン）となります。あとで見る religion（宗教）などの gi も同様です。

□□□

being*	名 存在、生き物　▶e = [íː], i = [i]	[i]
meter*	名 メートル（▷長さの単位）	[ər]
zebra	名 シマウマ	[ə]

183

genius	图 天才、天才的な能力　▶g = [dʒ], ni = [nj]	[ə]
keyboard	图 キーボード、鍵盤	[ɔːr]
T-shirt˟	图 Tシャツ（▷T を [tíː] と発音する）	[əːr]

⟨u, eau⟩

強い母音	[júː] … cute の u	●○

□□□

unit	图 単位、ユニット	[i]
union	图 組合、労働組合、連合、結合　▶ni = [nj]	[ə]
user˟	图 ユーザー、利用者、使用者　▶s = [z]	[ər]
useful˟	形 役に立つ、便利な	[ə]
useless	形 役に立たない、むだな	[ə]

□□□

human˟	形 人間の、人間的な　图 人間　▷human being 人間	[ə]
humid	形 湿った、湿気の多い	[i]
humor	图 ユーモア、こっけい（▷h は無音のこともある）	[ər]

□□□

fuel˟	图 燃料　▶u = [júː], e = [ə]	[ə]
future˟	图 未来、将来	[ər]

□□□

music˟	图 音楽　▶s = [z]	[i]
beauty˟	图 美、美しさ、美しいもの　▷beauty salon 美容院	[i]

発音ノート beauty や、あとで見る beautiful (美しい) では、例外的に eau というつづりが [júː] の音を表しています (初出)。

184

〈u, ui, o, eu, ew, ue, oo〉

| 強い母音 | [úː] … rule の u | ●○ |

□□□

super	形 すばらしい（▷略式）　副 とても、たいへん	[ər]
suitable	形 適当な、ふさわしい、似合う	[ə]
suitcase	名 スーツケース	[èi]

□□□

movie*	名 映画	[i]
moving	形 （人を）感動させる、動いている	[i]
movement*	名 動き、移動、（社会的な）運動	[ə]

□□□

| **nuclear** | 形 原子核の、原子力の　▷nuclear power 原子力 | [iər] |
| **neutral** | 形 中立の、公平な、中間の | [ə] |

発音ノート neutral では、eu というつづりが [úː] の音を表しています。eu がこの音を表すことはまれで、本書ではこの語だけですが、ほかに、テニス・卓球などの「ジュース」を意味する deuce という語（発音は [dúːs]）があります。

□□□

| **junior*** | 形 年下の、後輩の　名 年少者、後輩　▶ni = [nj] | [ər] |
| **jewel** | 名 宝石　▷jewelry 宝石類　▶ew = [úː], e = [ə] | [ə] |

単語ノート 「中学校」のことを junior high school、または単に、junior high といいます。

□□□

tulip	名 チューリップ（の花）	[i]
tutor	名 家庭教師　動 家庭教師をする	[ər]
stupid	形 ばかな、おろかな、ばかげた	[i]

student*	名 学生、生徒、研究者、学者	—
Tuesday*	名 火曜日　▶s = [z]	[èi]

□□□

ruin	動 破滅する、だめにする　名 破滅、(ruins で) 廃墟	[i]
rumor	名 うわさ	[ər]
cruel	形 残酷な、悲惨な	[ə]
truly	副 本当に、心から、偽りなく	[i]

発音ノート　ruin の ui と cruel の ue は 2 つの母音を表しています。u は [úː] の音を、i は [i] の音を、e は [ə] の音を表しています。

□□□

duty	名 義務、務め、任務、税　▷duty-free 免税の	[i]
foolish	形 ばかな、ばかげた	[i]

 [ə] と「−」(=発音しない) の境界は？

ときどき、弱い母音を示す欄に「−」のマークが表示されることがあります。「発音しない」という意味ですが、これはおもに、弱い母音の [ə] が、アクセントや前後の音との関係で「脱落」してしまうからです。

ただし、[ə] と [i] の境界があいまいなように (⇒ p.157)、[ə] と「−」の境界もあいまいです。辞書によって異なる場合もあります。ですから、この 2 つの区別についても、あまり神経質になる必要はありません。「−」のときは、その母音を発音しないくらい弱く読めばいいでしょう。

母音 ②

⟨a, au⟩

強い母音	[ǽ] … bat の a	●○

□□□

arrow	名 矢、矢印	[ou]
narrow*	形 (幅が) 狭い、(範囲が) 狭い、ぎりぎりの	[ou]
sparrow	名 スズメ (鳥)	[ou]

□□□

cancer*	名 がん (病気)	[ər]
dancer*	名 踊る人、(プロの) ダンサー、舞踏家	[ər]
answer*	名 答え、返事　動 答える、返事をする　▶w は無音	[ər]

□□□

| **actor*** | 名 俳優 (▷男女)、男優　▷actress 女優 | [ər] |
| **factor** | 名 要因、要素 | [ər] |

□□□

| **latter** | 形 (2 つのうちの) 後者の、後半の、(代名詞的に) 後者 | [ər] |
| **matter*** | 名 事柄、事件、問題、物質　動 重要である | [ər] |

□□□

| **badly** | 副 悪く、まずく、ひどく、とても | [i] |
| **sadly** | 副 悲しげに、悲しいことに | [i] |

□□□

| **gather*** | 動 集める、(花を) つむ、集まる | [ər] |
| **rather*** | 副 いくぶん、やや、かなり、むしろ | [ər] |

□□□

jacket[*]	名 上着、(本の) カバー	[ə]
racket[*]	名 (テニス・卓球などの) ラケット	[ə]

□□□

carrot[*]	名 ニンジン	[ə]
parrot	名 オウム (鳥)	[ə]

□□□

carry[*]	動 運ぶ、持っていく、持ち歩く	[i]
marry[*]	動 結婚する	[i]

□□□

carriage	名 (4輪の) 馬車、乗り物　▷baby carriage 乳母車	[i]
marriage	名 結婚、結婚生活	[i]

発音ノート carriage と marriage の -iage は [idʒ] と発音します。 語末のアクセントのない -age は、ふつうそれだけで [idʒ] と発音しますが (⇒p.190)、ここではその前の i も含めて [idʒ] と発音します。

□□□

habit[*]	名 (個人の) 習慣、くせ、(動植物の) 習性	[i]
rabbit[*]	名 ウサギ	[i]

□□□

fashion	名 流行、流行の服、やり方、流儀	[ə]
passion	名 激しい感情、情熱、熱中　▶ssi = [ʃ]	[ə]

発音ノート passion の ssi は [ʃ] と発音します。 -ssion で [ʃən] (ション) となります。 あとで見る mission (使命) や session (開会) などの ssi も同様です。

□□□

vanish	動 (見えていたものが) 消える、消え去る	[i]
Spanish[*]	形 スペインの　名 スペイン語、スペイン人	[i]

●○ : [ǽ]

atom	名 原子	[ə]
after＊	前 （時間・順序が）～のあとで 接 ～したあとで	[ər]
album＊	名 （写真などの）アルバム、（CD などの）アルバム	[ə]
absent	形 欠席して、不在で	―
absence	名 留守、欠席	―
abstract	形 抽象的な（▷後ろの母音を強く発音することもある）	[æ]
aspect	名 （ものごとの）一面、側面、外観	[e]
athlete＊	名 運動選手、スポーツマン	[iː]

STEP
2

□□□

anger	名 怒り	[ər]
angry＊	形 怒った、腹を立てた ▷angrily 怒って	[i]
anthem	名 賛歌、祝いの歌 ▷national anthem 国歌	[ə]
anxious	形 心配して、強く望んで ▶xi = [kʃ]	[ə]
accent	名 なまり、アクセント ▶cc = [ks]	[e]
access	名 近づくこと、近づく道、アクセス ▶cc = [ks]	[e]
action＊	名 行動	[ə]
active＊	形 活動的な、活動中の	[i]

発音ノート anxious の xi は [kʃ] と発音します。-xious で [kʃəs]（クシャス）となります。xi が [kʃ] になるのは、facial（顔の）の ci が [ʃ] となるのと同じで、[s] の音が [ʃ] に変化するからです。

□□□

panda＊	名 パンダ（動物）	[ə]
panel	名 パネル、羽目板、計器盤、討論者団	―
panic	名 恐慌、パニック、大あわて、経済恐慌	[i]
pancake	名 パンケーキ、ホットケーキ	[èi]

189

palace	名 宮殿、大邸宅	[ə]
patent	名 特許、特許権　動 特許権をとる	—
pattern*	名 型、パターン、模様、柄、模範、手本	[ər]
package*	名 包み、小包、荷物、（包装された）商品	[i]
passage	名 通路、通行、（時の）経過、（文章などの）1節	[i]
passport*	名 パスポート、旅券	[ɔ́ːr]
password	名 パスワード、合い言葉	[ə́ːr]
pastime	名 気晴らし、娯楽、趣味	[ài]

発音ノート package や passage などの語末の弱く発音する -age は [idʒ] という発音になります。 しばしば見かけるものなので、おぼえておきましょう。 次に出てくる manage の -age も同様です。

□□□

magic*	名 魔法、手品　形 魔法の、手品の　▶g = [dʒ]	[i]
magnet	名 磁石	[ə]
mammal	名 哺乳動物、哺乳類	[ə]
manage	動 経営する、うまくとり扱う、なんとか～する	[i]
manner*	名 やり方、態度、（manners で）行儀、風習	[ər]
mansion	名 大邸宅、屋敷　▶si = [ʃ]	[ə]
master*	名 主人、飼い主、名人　動 （技術などを）習得する	[ər]

発音ノート mansion の si は [ʃ] と発音します。-sion で [ʃən]（ション）となります。 あとで見る pension（年金）や tension（緊張）の si も同様です。 なお、語末の -sion の発音が [ʃən]（ション）になるのは、s の前が〈r 以外の子音字〉のときで、それ以外のときは [ʒən]（ジョン）になります（⇒ p.198）。

□□□

basket	名 かご、バスケット	[ə]

baggage	名 (旅行の) **手荷物** (▷集合的に使う)	[i]
balance＊	名 バランス、つり合い、調和　動 バランスをとる	[ə]
bandage	名 包帯	[i]
backward	副 後方へ、後ろ向きに　形 後方の、遅れている	[ər]
background	名 (風景・事件などの) 背景、(人の) 経歴、素性	[àu]
bathroom＊	名 浴室、洗面所、(家の) トイレ	[ùː]

□□□

ladder	名 はしご	[ər]
laptop	名 ノートパソコン　形 ひざ置き型の	[ù]
lasting	形 長く続く、永久の　▷last 続く	[i]
language＊	名 言語、ことば、(ある国の) 国語　▶gu = [gw]	[i]
landscape	名 景色、風景、風景画	[èi]
laughter	名 笑い、笑い声　▶au = [ǽ], gh = [f]	[ər]

発音ノート language の gu は [gw] と発音します。 あとで見る penguin (ペンギン) や distinguish (区別する) の gu も同様です。

□□□

happy＊	形 うれしい、幸せな、楽しい	[i]
happen＊	動 (偶然に) 起こる	[ə]
hammer	名 金づち、ハンマー　動 金づちで打つ	[ər]
handsome	形 (男性が) ハンサムな、見ばえのする　▶d は無音	[ə]

□□□

salad＊	名 サラダ	[ə]
salmon	名 サケ (魚)、サケの肉、サーモン　▶l は無音	[ə]
Saturn	名 土星	[ər]
sandwich＊	名 サンドイッチ　▶d はしばしば無音	[i]

□□□

value[*]	图 価値、値うち 動 評価する、見積もる	[juː]
valley	图 谷、谷間、(川の) 流域	[i]

□□□

daddy	图 お父さん、パパ	[i]
damage[*]	图 損害、被害 動 損害を与える、傷つける	[i]

□□□

channel	图 チャンネル、経路、ルート、水路、海峡	—
chapter	图 (本・論文などの) 章	[ər]
challenge[*]	图 難題、(やりがいのある) 仕事、挑戦 動 挑戦する	[i]

□□□

shadow[*]	图 影、影法師	[ou]
shallow	形 浅い、あさはかな	[ou]

□□□

rapid	形 速い、急な ▷rapidly 速く、急速に	[i]
random	形 手当たり次第の ▷at random 手当たり次第に	[ə]
dragon	图 ドラゴン、竜 ▷dragonfly トンボ	[ə]
travel[*]	動 旅行する、(光・音などが) 伝わる 图 旅行	[ə]
traffic[*]	图 交通、交通量 ▷traffic light 交通信号	[i]
transfer²	图 移動、移転、移籍、乗りかえ (動 ⇒ p.160)	[ər]
grammar	图 文法	[ər]
grandson	图 孫息子 ▷granddaughter 孫娘 ▶d はしばしば無音	[ʌ]
grandchild[*]	图 孫 ▶d はしばしば無音	[ài]
practice[*]	图 練習、実行、習慣 動 練習する、実行する	[i]

□□□

camel	图 ラクダ (動物)	[ə]

192

campus	图（大学などの）構内、キャンパス	[ə]
candy*	图 キャンディー、あめ類	[i]
cancel	動 取り消す、中止する、キャンセルする	—
cabbage	图 キャベツ	[i]
captain*	图 船長、機長、（チームの）キャプテン、主将	[ə]
capture	動 とらえる、（人の心などを）つかむ	[ər]
scatter	動 ばらまく、まきちらす、ちりぢりになる	[ər]

□□□

taxi*	图 タクシー	[i]
talent	图 才能、才能のある人	[ə]
statue*	图 像、彫像　▶tue = [tʃuː]	[uː]
standard	图 標準、基準、水準　形 標準の、基準となる	[ər]

発音ノート statue の t は [tʃ] と発音します。-tue で [tʃuː]（チュー）となります。これは前に見た nature の t が [tʃ] の音を表すのと同じです（⇒p.171）。

□□□

planet*	图 惑星（▷太陽のまわりをまわる星）	[ə]
plastic*	形 プラスチック製の、ビニールの　图 プラスチック	[i]
platform*	图 壇、演壇、（駅の）プラットホーム	[ɔːr]
blanket	图 毛布	[ə]
blackboard	图 黒板	[ɔːr]
classic	图 古典、一流の作品　形 古典的な、一流の	[i]
classmate*	图 同級生、クラスメート	[èi]
classroom*	图 教室	[ùː]

単語ノート platform には、コンピュータ・IT 用語として、「システムやサービス提供のための土台や基盤となる環境」の意味もあります。

fasten	動 しっかり留める、固定する、留まる ▶t は無音	―

⟨i, e, y, u⟩

強い母音	[í] … big の i	●○

□□□

inner	形 内側の、内部の、内面の、精神的な	[ər]
dinner *	名 夕食、ディナー、晩餐会	[ər]
winner	名 勝利者、受賞者	[ər]

□□□

city *	名 都市、市	[i]
pity	名 あわれみ、同情、残念なこと	[i]
pretty *	形 かわいらしい、きれいな 副 かなり、とても	[i]

発音ノート pretty では、e が [í] の音を表しています（初出）。 次に出てくる hero と zero や、あとで出てくる England や English も同様です。

□□□

hero *	名 英雄、ヒーロー、（小説などの）主人公	[ou]
zero *	名 ゼロ、（温度計などの）零度	[ou]

□□□

liver	名 肝臓、（食用の）レバー	[ər]
river *	名 川	[ər]

□□□

issue	名 問題点、（本などの）発行 動 発行する ▶ss = [ʃ]	[u:]
tissue	名 ティッシュペーパー、（細胞の）組織 ▶ss = [ʃ]	[u:]

□□□

million *	形 100 万の、無数の 名 100 万 ▶lli = [lj]	[ə]

| billion* | 形 10億の 名 10億 ▶lli = [lj] | [ə] |

発音ノート million と billion の -llion は [ljən]（リャン）と発音します。lli の i が [j] の音になることに注意しましょう。あとで見る brilliant（光り輝く）の lli も同様です。

□□□

| lily | 名 ユリ、ユリの花 | [i] |
| silly | 形 ばかな、おろかな | [i] |

□□□

| written | 形 書かれた、文書による | — |
| Britain* | 名 英国 ▷Great Britain グレートブリテン島 | — |

□□□

into*	前 ～の中に、～の中へ	[u]
input	名 入力 インプット 動 入力する	[ù]
income	名 収入、所得	[ʌ]
increase²	名 増加、増大 （動 ⇒ p.144）	[iː]
injure*	動 傷つける、（感情などを）害する	[ər]
insect*	名 昆虫、虫	[e]
insight	名 本質を見抜く力、洞察力	[ài]
instant	形 即座の、即席の、インスタントの 名 瞬間	[ə]
instance	名 例、実例、場合	[ə]
instinct	名 本能、生まれながらの才能	[i]

□□□

index	名 索引、目録、指標 ▷index finger 人さし指	[e]
indoor	形 屋内の、室内の ▷indoors 屋内で、室内で	[ɔːr]
image*	名 像、心象、イメージ、映像	[i]

STEP 2

impact	名 衝撃、衝突、影響、インパクト	[æ]
import²*	名 輸入、輸入品　（動 ⇒ p.162）	[ɔːr]
impulse	名 衝動、出来心	[ʌ]
era*	名 時代、年代	[ə]
England*	名 (英国の) イングランド地方、イギリス	[ə]
English*	形 イングランドの、イギリスの、英語の　名 英語	[i]

□□□

civil	形 市民の、国民の、国内の	—
sixty*	形 60 の、60 個の　名 60、60 個	[i]
signal*	名 信号、合図　動 信号を送る、合図する	—
silver*	名 銀　形 銀の、銀製の、銀色の	[ər]
simply	副 単に、ただ、かんたんに、平易に、質素に	[i]
singer*	名 歌手、歌う人　▶ng = [ŋ]	[ər]
sister*	名 姉妹、姉、妹	[ər]
scissors*	名 はさみ　▶ss = [z], 語末の s = [z]	[ər]
symbol*	名 象徴、シンボル、記号	[ə]
system*	名 制度、システム、組織、体系	[ə]
series	名 (同種のものの) 連続、シリーズ　▶語末の s = [z]	[iː]

発音ノート　sing (歌う) の -ng は語末なので [ŋ] と発音します。そこから派生した singer の -nger は [ŋər] (ングァ) と発音します。これに対して、次に出てくる finger (指) の -nger の発音は [ŋgər] (ンガァ) で、[g] の音が入ります。

□□□

fifty*	形 50 の、50 個の　名 50、50 個	[i]
figure*	名 (統計などの) 数字、人の姿、体型、図形、人物	[jər]
finger*	名 (手の) 指 (▷「親指」は thumb)　▶ng = [ŋg]	[ər]

finish*	動 終える、終わる　名 終わり、(競走の)ゴール	[i]
fiction*	名 小説、作り話、フィクション	[ə]
fishing	名 魚つり	[i]
physics	名 物理学　▶si の s = [z]	[i]

発音ノート figure の -gure は [gjər] (ギャァ) と発音します。[j] の音が入ることに注意しましょう。 前に見た failure (失敗) と同じで、ure が [jər] の音を表しています (⇒p.172)。

□□□

minute²*	名 分 (▷時間の単位)、ちょっとの間	[ə]
mirror	名 鏡	[ər]
miracle	名 奇跡	[ə]
missile	名 ミサイル	—
missing	形 欠けている、行方不明の	[i]
mission	名 使命、任務、使節団　▶ssi = [ʃ]	[ə]
midnight	名 午前 0 時、真夜中	[ài]

発音ノート missile の発音は、語末の -ssile の i の音が消えて、[mísl] (「ミソォ」に近い音) という発音になります。 なお、「ミサイル」という日本語は、イギリス発音の [mísail] から来ています。

□□□

visit*	動 訪問する、訪れる　名 訪問　▶s = [z]	[i]
visible	形 目に見える、明らかな　▶s = [z]	[ə]
vision	名 視力、未来を見通す力、展望、幻想　▶sion = [ʒən]	[ə]
vivid	形 生き生きとした、あざやかな	[i]
victim	名 犠牲者、被害者、いけにえ	[i]
village*	名 村	[i]

vision の si は [ʒ] と発音します。-sion で [ʒən] (ジョン) となります。あとで見る version (バージョン) の -sion も同様です。なお、語末の -sion の発音は、s の前が〈母音字か r〉のときは [ʒən] (ジョン) になり、〈r 以外の子音字〉のときは [ʃən] (ション) になります (⇒ p.190)。

☐☐☐

distant	形 遠い、離れた	[ə]
distance*	名 距離、へだたり、遠い所	[ə]
district	名 地区、地域	[i]
discount	名 割引　動 割り引く	[au]

発音ノート discount は、動詞として使うときは、アクセントを後ろにおいて [diskáunt] と発音することもあります。

☐☐☐

bitter	形 苦い、苦々しい、つらい、激しい	[ər]
building*	名 建物、ビル　▶u は無音	[i]
busy*	形 忙しい (▷例外的に u を [i] と発音する)　▶s = [z]	[i]

☐☐☐

windy*	形 風の吹く、風の強い	[i]
window*	名 窓	[ou]
winter*	名 冬	[ər]
wisdom	名 知恵、知識　▶s = [z]	[ə]
wizard	名 (男の) 魔法使い　▷witch 魔女	[ər]
willing	形 ～するのをいとわない、自発的な	[i]
witness	名 目撃者、証人　動 目撃する	[ə]
whiskey	名 ウイスキー	[i]
whisper	動 ささやく　名 ささやき	[ər]
quickly*	副 速く、すばやく、急いで	[i]

□□□

ribbon	图 リボン、ひも	[ə]
critic	图 批評家、評論家	[i]
Christmas*	图 クリスマス ▶Ch = [k], t は無音	[ə]
prison	图 刑務所 ▷prisoner 囚人 ▶s = [z]	—
princess	图 王女	[ə]
principle	图 原理、原則、主義、信念	[ə]
tribute	图 賞賛、敬意、尊敬のしるし	[juː]
British*	形 英国の 图 英国人	[i]
brilliant	形 光り輝く、華々しい、才気あふれた ▶lli = [lj]	[ə]
crystal	图 水晶、クリスタルグラス、結晶	—

発音ノート brilliant の -lliant は [ljənt]（リャント）と発音します。lli の i は [j] の音になります。

□□□

limit*	图 限界、限度 動 制限する、限る	[i]
liquid	形 液体の、液状の 图 液体	[i]
listen*	動 聞く、耳を傾ける、耳をかす ▶t は無音	—
living*	形 生きている、現在使われている 图 生計、生活	[i]
clinic	图 診療所、クリニック	[i]
lyric	图 （歌の）歌詞 形 叙情詩の、叙情的な	[i]

□□□

picnic*	图 ピクニック、野外での食事 動 ピクニックに行く	[i]
picture*	图 絵、写真 動 思いえがく	[ər]
pigeon	图 ハト（鳥） ▶ge = [dʒ]	[ə]
pillow	图 まくら	[ou]
pistol	图 拳銃、ピストル	—

| **spirit**＊ | 名 精神、心、霊、幽霊、（spirits で）気分 | [i] |

発音ノート pigeon の ge は [dʒ] と発音します。-geon で [dʒən]（ジョン）となります。 STEP 3 で見る courageous（勇気のある）などの ge も同様です。

☐☐☐

kidnap	動 （子どもなどを）誘拐する	[æ]
kingdom	名 王国　▷the United Kingdom 連合王国、英国	[ə]
kitchen＊	名 キッチン、台所　▶tch = [tʃ]	[ə]
skillful	形 熟練した、器用な、巧みな	[ə]

☐☐☐

| **ticket**＊ | 名 切符、入場券、チケット | [ə] |
| **sticky** | 形 ねばねばする、べとつく | [i] |

☐☐☐

ginger	名 ショウガ　▶2 つの g = [dʒ]	[ər]
nickname	名 愛称、ニックネーム	[èi]
guilty	形 有罪の、罪を犯した　▶u は無音	[i]
chicken＊	名 ニワトリ、ひよこ、とり肉	[ə]

〈o, a, ow〉

| 強い母音 | [á] … job の o | ●○ |

☐☐☐

| **pocket**＊ | 名 ポケット、（形容詞的に）ポケットサイズの | [ə] |
| **rocket**＊ | 名 ロケット、ロケット弾 | [ə] |

☐☐☐

| **hobby**＊ | 名 趣味 | [i] |
| **lobby** | 名 （ホテルなどの）ロビー、広間 | [i] |

□□□

borrow*	動 借りる	[ou]
sorrow	名 悲しみ	[ou]

□□□

locker	名 ロッカー	[ər]
soccer*	名 サッカー　▶cc = [k]	[ər]

発音ノート soccer の -ccer は [kər] と発音します。c は e, i, y の前では [s] の音になりますが、ここでは例外的に [k] の音になります。

□□□

dollar*	名 ドル（▷お金の単位）、1ドル紙幣、1ドル銀貨	[ər]
scholar	名 学者、奨学生　▷scholarship 奨学金　▶ch = [k]	[ər]

□□□

follow*	動 ついていく、あとに続く、（指示などに）従う	[ou]
swallow	動（食べ物・薬などを）飲み込む　名 ツバメ	[ou]

発音ノート swallow の a は、w のあとなので、[ǽ] ではなく、[á] と発音します。want（ほしい）の a を [á] と発音するのと同じです（⇒p.78）。

□□□

college*	名 大学、単科大学、（総合大学の）学部	[i]
knowledge*	名 知識、知っていること	[i]

発音ノート knowledge では、例外的に ow を [á] と発音します（初出）。know（知っている）の ow（= [óu]）とは違うので注意しましょう。

□□□

onto	前 〜の上へ	[u]
online	形 オンラインの　副 オンラインで	[ái]
object²*	名 物、物体、目的、対象　（動 ⇒ p.153）	[i]
obstacle	名 障害、障害物　▷obstacle race 障害物競走	[ə]

office*	名 事務所、職場、会社、役所	[i]
option	名 選択、選択権、選択肢、オプション	[ə]
honor	名 名誉、光栄、敬意　動 名誉を与える　▶h は無音	[ər]
honest*	形 正直な、誠実な　▷honesty 正直　▶h は無音	[ə]

発音ノート online は 2 つの母音のどちらにも第 1 アクセントがあります。なお、「オフラインの、オフラインで」は offline [ɔ́:fláin] です。

□□□

model*	名 模型、模範、手本、型、(絵・写真などの) モデル	—
modern*	形 現代の、近代の、現代的な	[ər]
modest	形 謙虚な、控えめな	[ə]
monster	名 怪物、化け物	[ər]

□□□

body*	名 体、肉体、死体、胴体、本体、主要部	[i]
bother	動 悩ます、うるさがらせる　▶th = [ð]	[ər]
bottom*	名 底、最下部、ふもと、びり	[ə]

□□□

solid	形 固体の、固形の、がんじょうな　名 固体	[i]
sorry*	形 すまないと思って、気の毒で、残念で	[i]
softly	副 柔らかに、優しく、そっと	[i]

□□□

doctor*	名 医者、博士	[ər]
dolphin*	名 イルカ	[i]

□□□

polish	動 みがく、つやを出す	[i]
possible*	形 可能な、できる、可能性のある、ありうる	[ə]

□□□

| **novel*** | 名 小説、長編小説　▷novelist 小説家 | — |
| **nonsense** | 名 ばかげたこと、無意味な言葉、ナンセンス | [è] |

□□□

| **wallet*** | 名 財布、札入れ | [ə] |
| **wander** | 動 歩きまわる、さまよう、放浪する | [ər] |

□□□

comet	名 すい星　▷Halley's Comet ハレーすい星	[ə]
comic*	形 喜劇の、こっけいな　名 マンガ本（= comic book）	[i]
common*	形 ふつうの、よくある、共通の	[ə]
comment*	名 論評、解説、コメント　動 論評する	[e]
commerce	名 商業、商取引　▷e-commerce 電子商取引	[ər]
complex²	名 複合体、集合体、コンプレックス　（形 ⇒ p.156）	[e]

単語ノート 映画館がたくさん入った建物を「シネコン」といいますが、これは、cinema complex（映画館の複合体）の略です。

□□□

concept	名 概念、観念、コンセプト	[e]
concert*	名 音楽会、コンサート	[ər]
constant	形 絶え間のない、一定の、変わらない	[ə]
conduct²	名 行ない、ふるまい　（動 ⇒ p.157）	[ʌ]
conquer	動 征服する、打ち勝つ　▶qu = [k]	[ər]
concrete	名 コンクリート　形 コンクリート製の、具体的な	[iː]
conflict	名 （意見などの）衝突、対立、争い	[i]

発音ノート conquer の -quer は [kər] と発音します。[kwər] ではありません。なお、この動詞の名詞形である conquest（征服）の発音は [kánkwest] で、qu は通常どおり [kw] の発音になります。

□□□

contact*	图 接触、コンタクト、連絡　動 連絡をとる	[æ]
content²	图 内容、趣旨、(contents で) 中身、内容、目次	[e]
contest*	图 競争、競技会、コンテスト	[e]
contract	图 契約、契約書　動 契約する	[æ]
contrast²	图 対照、対比　(動 ⇒ p.150)	[æ]
congress	图 大会議、大会、(Congress で) (米国の) 国会	[ə]
conscious	形 意識して、気づいて、意識のある　▶sci = [ʃ]	[ə]
conscience	图 良心、道徳心　▶sci = [ʃ]	[ə]

単語ノート　「米国の国会」は Congress ですが、「日本の国会」は Diet です。 また、「英国の国会」は Parliament (発音は [pɑ́ːrləmənt]) です。

□□□

copy*	图 写し、コピー、(本などの) 冊、部　動 コピーする	[i]
collar	图 (服の) えり、カラー、(犬などの) 首輪	[ər]
column	图 円柱、(新聞などの) 縦の行、コラム　▶n は無音	[ə]
colleague	图 同僚　▶ue は無音	[iː]
cotton	图 綿、綿花、綿布	—
cottage	图 いなか家、小別荘、コテージ	[i]
costume	图 (舞台などの) 衣装、(時代・地域などに特有の) 服装	[uː]
Scotland	图 スコットランド　▷Scottish スコットランドの	[ə]

発音ノート　column のように、語末が -mn のとき、n は発音しません。 あとで見る autumn (秋) も同様です。

□□□

logic	图 論理、論理学　▶g = [dʒ]	[i]
lobster	图 ロブスター、ウミザリガニ	[ər]
closet	图 押し入れ、戸棚、物置　▶s = [z]	[ə]

blossom*	名 (おもに果樹の) 花	[ə]

□□□

profit	名 利益、もうけ　動 利益を得る	[i]
proper	形 適切な、適した、ふさわしい	[ər]
problem*	名 問題、やっかいなこと、困ったこと	[ə]
process*	名 過程、プロセス、工程、手順	[e]
product*	名 生産物、製品、(努力などの) 成果	[ʌ]
project²*	名 事業計画、プロジェクト、企画　(動 ⇒ p.153)	[e]
promise*	名 約束、見込み　動 約束する	[i]
proverb	名 ことわざ、格言	[əːr]
progress²	名 前進、進歩、発達　(動 ⇒ p.153)	[ə]
prospect	名 見込み、可能性、見晴らし、眺め	[e]

□□□

hockey	名 アイスホッケー (▷米用法)、ホッケー (▷英用法)	[i]
topic*	名 話題、論題、トピック	[i]
fossil*	名 化石、時代遅れの人　▷fossil fuel 化石燃料	—
volume	名 音量、量、ボリューム、(シリーズものの) 〜巻	[juː]
chopstick*	名 (ふつう chopsticks で) 箸	[i]

⟨e, ea, a, ai, u, ie⟩

強い母音	[é] … bed の e	●○

□□□

ever*	副 いままでに、かつて	[ər]
never*	副 決して〜ない、いままで一度も〜ない	[ər]
clever*	形 頭のよい、抜け目のない、器用な	[ər]

STEP
2

□□□

gender	图（社会的・文化的に形成された）性　▶g = [dʒ]	[ər]
tender	形（心が）優しい、（肉などが）柔らかい	[ər]
slender	形 ほっそりとした、すらりとした	[ər]

□□□

mention	動 話に出す、言及する、名前をあげる　图 言及	[ə]
pension	图 年金、恩給　▶sion = [ʃən]	[ə]
tension	图 ぴんと張ること、緊張、緊迫　▶sion = [ʃən]	[ə]

□□□

enter*	動（建物・学校などに）入る、（競技などに）参加する	[ər]
center*	图 中心、真ん中、中心地、中心施設、センター	[ər]

□□□

error	图 誤り、間違い	[ər]
terror	图 恐怖、テロ　▷terrorist テロリスト	[ər]

□□□

mental	形 精神の、心の、頭脳の	—
rental	图 レンタル、賃貸、レンタル料　形 レンタルの	—

□□□

better*	形 もっとよい　副 もっとよく	[ər]
letter*	图 手紙、文字	[ər]

発音ノート　〈強く発音する母音〉と〈弱く発音する母音〉にはさまれた t の音は、日本語の「ラ行」の音のように発音されることがあります。そのため、better や letter は「ベラァ」や「レラァ」のように発音されることがあります。Shut up!（だまれ！）が「シャラップ」になるのも同じ現象です。

□□□

fellow	形 仲間の、同僚の　图 男、やつ（▷古風）	[ou]

yellow*	形 黄色い　名 黄色	[ou]

□□□

plenty*	名 たくさん、十分	[i]
twenty*	形 20 の、20 個の　名 20、20 個	[i]

□□□

measure*	動 測る　名 寸法、物さし、対策　▶sure = [ʒər]	[ər]
pleasure*	名 喜び、楽しみ、満足　▶sure = [ʒər]	[ər]
treasure*	名 宝物、財宝、大切なもの　▶sure = [ʒər]	[ər]

発音ノート　アクセントのない語末の -sure は、s の前が母音のときは [ʒər]
(ジャァ) と発音します (⇒p.183)。

□□□

ready*	形 用意ができて、準備ができて	[i]
steady	形 安定した、着実な、一定の、変わらない	[i]

□□□

healthy*	形 健康な、(心が) 健全な、(食べ物などが) 健康によい	[i]
wealthy	形 金持ちの、裕福な、富んだ	[i]

□□□

any*	形 いくらかの、どんな〜でも　代 いくらか、どれでも	[i]
many*	形 多くの　代 多くのもの、多くの人	[i]

□□□

feather	名 (鳥の) 羽毛、羽　▶th = [ð]	[ər]
leather	名 なめし革、革　▶th = [ð]	[ər]
weather*	名 天気、天候　▶th = [ð]	[ər]
whether*	接 〜かどうか　▶th = [ð]	[ər]

STEP
2

present² *	图 贈り物、現在　▶s = [z]　（動 ⇒ p.154）	—
present³ *	形 出席している、現在の　▶s = [z]　（動 ⇒ p.154）	—
pleasant	形 楽しい、気持ちのよい、感じのよい　▶s = [z]	—

□□□

| seven * | 图 7、7つ　形 7の、7つの　▷ seventh 7番目の | — |
| heaven | 图 天国、楽園、(Heaven で) 神 | — |

□□□

very *	副 とても、非常に、たいへん	[i]
ferry	图 フェリー、連絡船	[i]
merry	形 陽気な、楽しい、ゆかいな	[i]
cherry *	图 サクランボ、桜の木 (= cherry tree)	[i]
vary	動 変わる、違う、異なる、変える	[i]
fairy	图 妖精　▷ fairy tale おとぎ話	[i]
bury	動 埋める、埋葬する (▷ 例外的に u を [e] と発音する)	[i]

発音ノート さまざまなつづり (e, a, ai, u) が [é] の音を表しています。また、語末も -ry と -rry が混在しているので注意しましょう。

□□□

envy	動 うらやましく思う、ねたむ　图 ねたみ	[i]
entry	图 入ること、入場、加入、(競技などへの) 参加登録	[i]
ending	图 終わり、結末	[i]
engine *	图 エンジン、機関、機関車　▶g − [dʒ]	[i]
entrance *	图 入り口、玄関、入ること、入学	[ə]
exit	图 出口　▶x = [gz/ks]	[i]
extra *	形 余分の、特別の　图 追加料金、(映画の) エキストラ	[ə]
expert *	图 熟練した人、専門家　形 熟練した、専門家の	[ər]

●○ : [é]

| export² | 名 輸出、輸出品　（動 ⇒ p.162） | [ɔːr] |

発音ノート exit は e にアクセントがあるので、規則どおりなら x の発音は [ks] となりますが（⇒ p.149）、しばしば [gz] と発音されます。

□□□

echo	動 反響する　名 反響、こだま　▶ ch = [k]	[ou]
elbow	名 ひじ　動 ひじで押す	[ou]
empty*	形 からの、人のいない　動 からにする	[i]
empire	名 帝国	[aiər]
essay	名 随筆、エッセー、（学校の）作文	[ei]
essence	名 本質、根本的要素、エッセンス	—
every*	形 どの～もみな、毎～、～ごとに	[i]
effort*	名 努力、骨折り	[ər]
ethnic	形 民族的な、民族特有の	[i]

□□□

second*	形 第2の、2番目の　名 2番目のもの、秒	[ə]
section	名 部分、（会社などの）部門、（新聞などの）欄、区域	[ə]
seldom	副 めったに～ない	[ə]
selfish*	形 利己的な、自分勝手な	[i]
central*	形 中心の、中央の、主要な	[ə]
sentence*	名 文、判決　動 判決をくだす	[ə]
sensible	形 分別がある、賢明な	[ə]
session	名 （議会などの）開会、会期、会合　▶ ssion = [ʃən]	[ə]
setting	名 （小説・劇などの）設定、（物語の）舞台、背景	[i]
settlement	名 （問題などの）解決、和解、植民地、植民、定住	[ə]

menu*	名 メニュー、こんだて表　▶nu = [njuː]	[juː]
medal*	名 メダル、勲章、記章	—
metal*	名 金属	—
melon	名 メロン	[ə]
merit	名 長所、美点、（ふつう merits で）功績	[i]
member*	名 一員、会員、メンバー	[ər]
method	名 方法、方式	[ə]
message*	名 伝言、ことづて、メッセージ	[i]
meadow	名 牧草地	[ou]

devil	名 悪魔、悪鬼	—
decade	名 10 年間	[ei]
desert²*	名 砂漠、荒れ地　▶s = [z]　（動 ⇒ p.160）	[ər]
dentist	名 歯医者、歯科医	[i]

temper	名 気質、気性、気分、かんしゃく	[ər]
tennis*	名 テニス	[i]
terrible*	形 恐ろしい、こわい、ひどい、ひどく悪い	[ə]
textbook*	名 教科書	[ù]

gently	副 優しく、穏やかに　▶g = [dʒ]	[i]
gentleman	名 紳士、男の人（▷ていねいな言い方）　▶g = [dʒ]	[ə]
gesture*	名 身ぶり　動 身ぶりで合図する　▶g = [dʒ]	[ər]
jealous	形 しっと深い、ねたんでいる　▷jealousy しっと	[ə]

□□□

helmet	名 ヘルメット	[ə]
helpful*	形 助けになる、役に立つ	[ə]
heavy*	形 重い、大量の ▷heavily 大量に、激しく	[i]
headache*	名 頭痛 ▷ache 痛む、痛み ▶ch = [k]	[èi]

単語ノート headache は head（頭）と ache が合成されてできた語です。ache [éik] には「痛む（動詞）、痛み（名詞）」の意味があります。同じようにしてできた語に、toothache [túːθèik]（歯の痛み）があります。

□□□

nephew	名 おい ▷niece めい	[juː]
network	名 網状のもの、（テレビなどの）放送網、ネットワーク	[əːr]

□□□

checkup	名 検査、健康診断	[ʌ]
chestnut	名 クリの実、クリの木、栗色 ▶t は無音	[ʌ]

□□□

record² *	名 記録、最高記録、成績、経歴 （動 ⇒ p.162）	[ər]
rescue*	動 救う、救助する 名 救出、救助	[juː]
restless	形 落ち着かない、そわそわした	[ə]
restroom	名 （劇場・駅などの）洗面所、トイレ	[ùː]
credit	名 掛け売り、クレジット、信用、名声、名誉	[i]
precious	形 貴重な、高価な、大切な ▶ci = [ʃ]	[ə]
pressure*	名 圧力、圧迫、重圧 ▶ss = [ʃ]	[ər]
presence	名 居ること、存在、出席 ▶s = [z]	—
breakfast*	名 朝食	[ə]
threaten	動 おどす、おびやかす	—
friendly*	形 親しい、親切な、好意的な、味方の ▶ie = [é]	[i]

| friendship* | 名 友情　▶ie = [é] | [ì] |

発音ノート pressure の ss は [ʃ] と発音します。-ssure で [ʃər]（シャァ）となります。pleasure（喜び）などの -sure（発音は [ʒər]）とは違って、アクセントのない語末の -ssure は [ʃər] と発音します。

□□□

website*	名 ウェブサイト、サイト	[ài]
wedding*	名 結婚式	[i]
welcome*	間 ようこそ　動 歓迎する　形 歓迎される　名 歓迎	[ə]
welfare	名 福祉、繁栄、幸福　▷social welfare 社会福祉	[èər]
western*	形 西の、（Western で）西洋の、欧米の	[ər]
Wednesday*	名 水曜日（▷dne の d と e は無音）　▶s = [z]	[èi]
question*	名 質問、問い、問題、疑問　動 質問する　▶ti = [tʃ]	[ə]
weapon	名 武器、兵器　▷nuclear weapon 核兵器	[ə]
sweater*	名 セーター	[ər]

発音ノート ① Wednesday はつづりが難しいですが、d と e を除いて読めば「ウェンズデイ」になります。② question の -stion は [stʃən]（スチョン）と発音します。あとで見る digestion（消化）や suggestion（提案）の -stion も同様です。

□□□

lemon	名 レモン	[ə]
level*	名 水準、水平面、高さ　形 水平な　動 水平にする	—
legend	名 伝説、伝説的な人物　▶g = [dʒ]	[ə]
lesson*	名 授業、レッスン、（教科書などの）課、教訓	—
lecture	名 講義、講演　動 講義する、講演する	[ər]
lettuce	名 レタス	[ə]
flexible	形 融通のきく、適応性のある、曲げやすい	[ə]

□□□

pencil[*]	名 鉛筆	—
penguin[*]	名 ペンギン　▶gu = [gw]	[i]
pepper	名 コショウ	[ər]
special[*]	形 特別の、特殊な、専門の　▶ci = [ʃ]	[ə]
spelling	名 (語の) つづり、つづり方	[i]
spectacle	名 (壮大な) 見世物、スペクタクル、光景	[ə]
parent[*]	名 親、(parents で) 両親	[ə]

STEP 2

□□□

ketchup	名 ケチャップ　▶tch = [tʃ]	[ə]
schedule[*]	名 予定、スケジュール、時刻表　▶ch = [k], d = [dʒ]	[uː]

発音ノート schedule の d は [dʒ] と発音します。-dule で [dʒuːl] (ジューウ) となります。 これまでも、u の前では t や s の音が変化することがありましたが、ここでは d の音が変化しています。

□□□

bedroom[*]	名 寝室	[ùː]
venture	名 冒険、冒険的事業　動 危険にさらす	[ər]
shelter	名 避難所、住居、避難、保護	[ər]

〈u, o, ou〉

強い母音	[ʌ] … cup の u	●○

□□□

funny[*]	形 おかしな、こっけいな、おもしろい、変な	[i]
sunny[*]	形 晴れた、日当たりのよい、陽気な	[i]
honey	名 はちみつ、かわいい人　▷honeymoon 新婚旅行	[i]
money[*]	名 お金、金銭、貨幣	[i]

honey や money のように、o の文字もしばしば [ʌ] の音を表します。以下の語の中にも、そのようなものが数多く見受けられます。

☐☐☐

under*	前 〜の下に、〜未満で 副 下へ、下に	[ər]
thunder	名 雷、雷鳴 動 雷が鳴る	[ər]
wonder*	動 〜かしらと思う、ふしぎに思う 名 驚き	[ər]

☐☐☐

other*	形 ほかの、別の 代 ほかのもの〔人〕 ▶th = [ð]	[ər]
mother*	名 母、母親 ▶th = [ð]	[ər]
brother*	名 兄弟、兄、弟 ▶th = [ð]	[ər]

☐☐☐

upper	形 上の、上級の、上位の ▷upper class 上流階級	[ər]
supper*	名 夕食	[ər]

☐☐☐

Sunday*	名 日曜日	[èi]
Monday*	名 月曜日	[èi]

☐☐☐

dozen	名 ダース、12 個	—
cousin*	名 いとこ ▶s = [z]	—

☐☐☐

ugly	形 醜い、見苦しい、不快な	[i]
oven	名 オーブン	—
onion	名 タマネギ ▶ni = [nj]	[ə]

☐☐☐

suburb	名 (ふつう the suburbs で) 郊外	[əːr]

subway*	名 地下鉄	[èi]
subject*	名 主題、話題、(学校の) 科目、(文の) 主語	[i]
substance	名 物質、実質、内容、中身	[ə]
sudden	形 とつぜんの、急な	—
suffer*	動 (損害・傷などを) 受ける、苦しむ、病気にかかる	[ər]
summit	名 (山の) 頂上、(先進国) 首脳会議、サミット	[i]
summer*	名 夏	[ər]
sunset	名 日の入り、日没、夕焼け	[è]
sunrise	名 日の出、朝焼け　▶se の s = [z]	[ài]
sunlight*	名 日光	[ài]
sunshine	名 日光、ひなた	[ài]
sunflower	名 ヒマワリ	[àuər]
suspect²	名 容疑者　(動 ⇒ p.152)	[e]

□□□

someday*	副 (未来の) いつか、そのうち	[èi]
somehow	副 なんとかして、どういうわけか	[àu]
someone*	代 だれか、ある人　▶one = [wʌn]	[ʌ]
sometime	副 (未来の) いつか、(過去の) あるとき	[ài]
sometimes*	副 ときどき　▶es の s = [z]	[ài]
somewhat	副 いくぶん、やや、多少	[à]
somewhere*	副 どこかに、どこかで、どこかへ	[èər]
something*	代 何か、あるもの	[ì]
southern	形 南の、南方の、南部地方の　▶th = [ð]	[ər]

発音ノート south (南) の ou は [áu] と発音しますが、southern (南の) の ou は [ʌ] と発音します。「サザンオールスターズ」の「サザン」はこれです。

215

puppy	名 子犬	[i]
public*	形 公共の、公的な、大衆の、公開の　名 一般の人々	[i]
publish	動 出版する、発行する、発表する	[i]
punish	動 罰する、処罰する	[i]
pumpkin	名 カボチャ	[i]

□□□

mutton	名 羊肉、マトン（▷「子羊の肉」は lamb）	—
mustard	名 からし、マスタード、からし色	[ər]
mushroom	名 キノコ	[uː]
monkey*	名 サル（動物）	[i]
monthly	形 月 1 回の、毎月の、1 か月間の　副 毎月	[i]

□□□

hunger	名 空腹、飢え　▷hunger strike ハンスト	[ər]
hungry*	形 空腹の、飢えた	[i]
hunter*	名 狩りをする人、ハンター、猟師　▷hunting 狩り	[ər]
hundred*	形 100 の　名 100	[ə]
husband*	名 夫　▶s = [z]	[ə]

□□□

lucky*	形 運のよい、幸運な　▷luckily 幸運にも	[i]
luggage	名 （旅行の）手荷物（▷集合的に使う）	[i]
London*	名 ロンドン	[ə]
lovely*	形 美しい、すてきな、すばらしい	[i]

□□□

bucket	名 バケツ、バケツ 1 杯の量	[ə]
budget	名 予算、予算案　▶dg = [dʒ]	[ə]

| **butter*** | 图 バター | [ər] |
| **button*** | 图 押しボタン、(服の) ボタン | — |

発音ノート bridge (橋) のように、語末の -dge は [dʒ] と発音しますが (e は無音)、budget のように、語中に出てくる dg も [dʒ] と発音します。次に出てくる judgment の dg も同様です。

□□□

| **justice** | 图 正義、公正、正当、裁判、裁判官 | [i] |
| **judgment** | 图 判断力、分別、判断、判決　▶dg = [dʒ] | [ə] |

□□□

| **number*** | 图 数、数字、番号 | [ər] |
| **nothing*** | 代 何も〜ない | [i] |

□□□

rugby	图 ラグビー	[i]
rubber	图 ゴム　▷rubber band 輪ゴム	[ər]
runner*	图 走る人、(競技の) 走者、ランナー	[ər]
Russia*	图 ロシア、ロシア連邦　▶ssi = [ʃ]	[ə]
Russian*	形 ロシアの　图 ロシア語、ロシア人　▶ssi = [ʃ]	[ə]
trumpet	图 トランペット	[ə]
structure	图 構造、構成、組織、建築物	[ər]
drugstore	图 ドラッグストア	[ɔːr]
frustrate	動 失望させる、挫折させる、欲求不満にさせる	[ei]
roughly	副 おおよそ、大ざっぱに、手荒に　▶gh = [f]	[i]

発音ノート Russia の ssi は [ʃ] と発音します。-ssia で [ʃə] (シャ) となります。これは前に見た passion (情熱) の ssi を [ʃ] と発音するのと同じです (⇒p.188)。

custom*	名 (社会の) 習慣、風習、(複数形で) 関税、税関	[ə]
culture*	名 文化、教養、洗練、栽培	[ər]
sculpture	名 彫刻、彫刻作品 ▷sculptor 彫刻家	[ər]
color*	名 色、絵の具 動 色をつける	[ər]
cover*	動 おおう、(〜の範囲に) わたる 名 おおい、カバー	[ər]
comfort	名 快適さ、慰め、慰めとなるもの 動 慰める	[ər]
country*	名 国、祖国、(the country で) いなか	[i]

□□□

tunnel*	名 トンネル	—
study*	動 勉強する、研究する 名 勉強、研究	[i]
stomach*	名 胃、腹部、腹 ▶ch = [k]	[ə]

□□□

| function | 名 機能、働き、役目 動 (機械などが) 働く | [ə] |
| govern | 動 統治する、支配する、管理する | [ər] |

⟨u, oo, o, ou⟩

| 強い母音 | [ú] … push の u | ●○ |

□□□

| bully | 名 弱い者いじめをする人、いじめっ子 | [i] |
| fully | 副 十分に、完全に | [i] |

□□□

| football* | 名 アメリカンフットボール、(ふつうは英で) サッカー | [ɔ́ː] |
| footstep | 名 (ふつう複数形で) 足音、足跡 | [è] |

□□□

| cushion | 名 クッション、座ぶとん、背当て | [ə] |

cookie*	图 クッキー	[i]
cooking*	图 料理	[i]

□□□

bullet	图 弾丸	[ə]
booklet	图 小冊子、パンフレット	[ə]
bookstore*	图 書店、本屋	[ɔːr]

単語ノート booklet はふつう「(製本された) 小冊子、パンフレット」を指し、pamphlet [pǽmflət] は「(製本されていない) パンフレット」を指します。なお、「1枚の (折りたたみ) チラシ」のことは leaflet [líːflət] といいます。

□□□

wooden*	圈 木製の	—
woman*	图 女、女性、婦人（▷複数形は women [wímin]）	[ə]

□□□

rural	圈 いなかの、田園の	[ə]
sugar*	图 砂糖　▶s = [ʃ]	[ər]
during*	前 ～の間ずっと、～の間に	[i]
Europe*	图 ヨーロッパ　▶Eu = [jú]	[ə]
pudding	图 プディング、プリン	[i]
goodness	图 (人柄の)よさ、善良さ、徳、長所	[ə]
tourist*	图 観光客　▷tourism 観光、観光事業	[i]

219

⟨o, au, a, aw, oa⟩

| 強い母音 | [ɔː] … call の a | ●○ |

□□□

| **oral** | 形 口頭の、口述の | [ə] |
| **moral** | 形 道徳の、道徳上の、道徳的な　名 教訓 | [ə] |

□□□

| **glory** | 名 栄光、栄誉　▷glorious 輝かしい | [i] |
| **story**＊ | 名 物語、(人の)話、(新聞などの)記事 | [i] |

□□□

| **daughter**＊ | 名 娘　▶gh は無音 | [ər] |
| **water**＊ | 名 水　動 水をまく、給水する | [ər] |

発音ノート　a が [ɔː] の音を表すのは、ふつう call のように l があとにくるとき
か、au, aw のつづりになるときですが、water では、例外的に a だけで [ɔː] の音
を表しています。あとで見る quarrel (口論) も同様です。

□□□

also＊	副 〜もまた	[ou]
alter	動 変える、変更する、変わる	[ər]
almost＊	副 ほとんど、もう少しで	[ou]
always＊	副 いつも、つねに　▶s = [z]	[ei]
August＊	名 8 月	[ə]
author	名 著者、作者、作家	[ər]
autumn＊	名 秋　▶n は無音	[ə]
auction	名 競売、オークション	[ə]

● ○ : [ɔ́ː]

awful	形 恐ろしい、ひどい、ものすごい	[ə]
awkward	形 ぎこちない、不器用な、気まずい、やっかいな	[ər]
orange*	名 オレンジ、オレンジ色	[i]
offer*	名 申し出、提供 動 申し出る、提供する	[ər]
often*	副 しばしば、よく ▶t はしばしば無音	—

□□□

salty	形 塩からい、塩気のある	[i]
saucer	名 (コーヒーカップなどの) 受け皿	[ər]
sausage	名 ソーセージ	[i]
software	名 ソフトウェア ▷hardware ハードウェア	[èər]

□□□

cautious	形 用心深い、慎重な ▷caution 用心 ▶ti = [ʃ]	[ə]
coffee*	名 コーヒー	[i]
chorus*	名 合唱、コーラス、合唱曲、合唱団 ▶ch = [k]	[ə]

□□□

forest*	名 森林、森	[ə]
foreign*	形 外国の ▶ei = [ə], g は無音	[ə]

□□□

horror	名 恐怖、恐ろしいもの ▷horror movie ホラー映画	[ər]
horrible	形 恐ろしい、ぞっとするような、ひどい	[ə]

□□□

laundry	名 洗濯物、洗濯、洗濯店、クリーニング店	[i]
lawyer	名 弁護士、法律家 (▷[lɔ́iər] と発音することもある)	[ər]
long-term	形 長期の	[ɔːr]
florist	名 花屋 (▷人をさす。店は florist's)	[i]

STEP 2

221

□□□

drawing	名 (ペン・クレヨンなどで描いた) 絵、描くこと、製図	[i]
crossing	名 交差点、(鉄道の) 踏切 (= railroad crossing)	[i]
crosswalk	名 横断歩道	[ɔ́ː]
broadcast	動 (テレビ・ラジオで) 放送する　名 放送、番組	[æ̀]

□□□

walnut	名 クルミ	[ʌ́]
quarrel	名 (口での) けんか、口論　動 けんかする、口論する	[ə]

□□□

naughty	形 わんぱくな、いたずらな　▶gh は無音	[i]
boring＊	形 退屈な、うんざりする	[i]

〈a〉

強い母音	[ɑ́ː] … palm の a	●○

□□□

father＊	名 父、父親、(ものごとの) 生みの親　▶th = [ð]	[ər]
drama＊	名 劇、戯曲、劇的なできごと、ドラマ	[ə]

〈ou, ow〉

強い母音	[áu] … house の ou	●○

□□□

fountain	名 噴水、泉、源泉　▷fountain pen 万年筆	―
mountain＊	名 山	―

□□□

out of＊	前 ～から外へ、～から、～の中から	[ə]
outing	名 遠足、遠出 (▷日帰りのものをいう)	[i]

outlet	图 (感情などの) はけ口、直販店、出口、コンセント	[è]
output	图 生産高、出力、アウトプット　動 出力する	[ù]
outcome	图 結果、成果	[ʌ̀]
outdoor	形 屋外の、野外の　▷outdoors 屋外で、野外で	[ɔ̀ːr]
outline	图 概略、輪郭　動 概略を述べる	[ài]

□□□

housing	图 住宅供給、住宅、(集合的に) 住居　▶s = [z]	[i]
housework*	图 家事	[ə̀ːr]

発音ノート house (家) には動詞としての用法があり、「住居を供給する、収容する」などの意味を表しますが、その場合、語末の -se の発音は [s] ではなく [z] です。housing は、この動詞の house の派生語です。

□□□

council*	图 会議、協議会、(地方自治体の) 議会	—
counter	图 (店の) カウンター、売り台、(食堂などの) カウンター	[ər]

□□□

doubtful	形 (物事が) 疑わしい、(人が) 疑っている　▶b は無音	[ə]
download	動 ダウンロードする　图 ダウンロード	[òu]

□□□

loudly	副 大声で、騒々しく	[i]
cloudy*	形 くもった　▷cloudless 雲のない	[i]

□□□

thousand*	形 1000 の　图 1000　▶s = [z]	—
towel*	图 タオル、手ぬぐい	[ə]
powder*	图 粉、粉末	[ər]
crowded*	形 込み合った、混雑した	[i]

STEP 2

223

〈oy, oi〉

| 強い母音 | [ɔ́i] … coin の oi | ●○ |

□□□

| **loyal** | 形 忠誠な、忠実な ▷loyalty 忠誠 | [ə] |
| **royal** | 形 王の、王室の、王立の | [ə] |

□□□

noisy	形 さわがしい、やかましい ▶s = [z]	[i]
poison	名 毒、毒薬 動 毒を盛る ▶s = [z]	—
moisture	名 湿気、水分 ▷moist 湿った	[ər]
oyster	名 カキ（貝）	[ər]
voyage	名 航海、空の旅、宇宙旅行	[i]
soybean	名 大豆 ▷soy sauce しょう油	[iː]

発音ノート voyage の発音記号は [vɔ́iidʒ] となります。oy が [ɔ́i] の音を、age が [idʒ] の音を表しています。

〈ir, er, ur, or, ear, our〉

| 強い母音 | [ə́ːr] … bird の ir | ●○ |

□□□

| **dirty**＊ | 形 きたない、よごれた、不正な | [i] |
| **thirty**＊ | 形 30 の、30 個の 名 30、30 個 | [i] |

□□□

| **certain**＊ | 形 確信して、確かな、確実な、ある程度の、ある〜 | — |
| **curtain** | 名 カーテン、幕、幕状のもの | — |

□□□

| **curry** | 名 カレー料理 ▷curry and rice カレーライス | [i] |

| hurry* | 動 急ぐ、あわてる、急がせる　名 急ぐこと | [i] |
| worry* | 動 心配する、くよくよする、心配させる　名 心配 | [i] |

発音ノート ① [ɔ́ːr] は音質的には [r] と同じなので (⇒p.124)、これらの語では母音であると同時に、あとに続く母音の [i] に対しては子音 [r] のような働きもします。② or はふつう [ɔ́ːr] という音を表しますが、world (世界) のように前が w のときは [ɔ́ːr] になります (⇒p.112)。

STEP 2

□□□

urban	形 都市の、都会的な	[ə]
urgent	形 緊急の、差し迫った　▶g = [dʒ]	[ə]
early*	副 早く　形 早い	[i]
earthquake*	名 地震	[èi]

□□□

circus	名 サーカス、サーカス団	[ə]
server	名 給仕する人、サーブする人、サーバー	[ər]
service*	名 公共事業、(交通の) 便、接客、サービス、勤め	[i]
survey²*	名 調査、概観、測量　(動 ⇒p.138)	[ei]
surface*	名 表面、うわべ	[ə]
surfing	名 サーフィン、波乗り	[i]

単語ノート server は、waiter (ウェイター) や waitress (ウェイトレス) と違って、性別に関係なく使える語です。コンピュータ用語の「サーバー」の意味もあります。

□□□

person*	名 人、個人、人間	—
perfect²*	形 完全な、完ぺきな　(動 ⇒p.153)	[i]
perfume	名 香水、香料、香り (▷[pərfjúːm] と発音することもある)	[juː]

purpose*	图 目的、意図	[ə]
purchase	動 買う、購入する　图 購入	[ə]

□□□

mercy	图 あわれみ、慈悲	[i]
mermaid	图 人魚	[èi]
merchant	图 小売商人、商店主、商人	[ə]
murder	图 殺人、殺人事件　動 (人を) 殺す	[ər]

□□□

thirsty*	形 のどがかわいた	[i]
Thursday*	图 木曜日　▶s = [z]	[èi]
thorough	形 徹底的な　▷thoroughly 徹底的に　▶gh は無音	[ou]

発音ノート thorough では、or を例外的に [ə́ːr] と発音します。 なお、[ə́ːr] はここでは母音であると同時に、あとに続く母音の [ou] に対しては子音 [r] の働きもします。 本書では、このような場合の発音記号は [θə́ːrou] となります。

□□□

German*	形 ドイツの　图 ドイツ語、ドイツ人　▶G = [dʒ]	[ə]
journal	图 (専門的な) 新聞、機関紙、日誌	—
journey	图 旅、旅行	[i]

発音ノート journal や journey では、our のつづりが [ə́ːr] の音を表しています (初出)。 次に出てくる courage の our も同じです。

□□□

current	形 現在の、現在通用している　图 流れ、風潮	[ə]
courage*	图 勇気	[i]

□□□

virtue	图 善、美徳、長所、美点　▶t = [tʃ]	[uː]

226

| version | 名 バージョン、別の形、～版　▶sion = [ʒən] | [ə] |

発音ノート version の -sion は [ʒən] (ジョン) と発音します。-sion の発音は、s の前が〈母音字か r〉のときは、[ʒən] になります (⇒p.198)。

□□□

| birthday* | 名 誕生日 | [èi] |
| burden | 名 (精神的な) 重荷、負担、重い荷物 | — |

STEP 2

□□□

| firmly | 副 かたく、しっかりと、断固として | [i] |
| further | 形 それ以上の　副 さらに、それ以上に　▶th = [ð] | [ər] |

□□□

| worker* | 名 働く人、労働者 | [ər] |
| worldwide | 形 世界中に広まった、世界的な　副 世界的に | [ài] |

□□□

versus	前 ～対、～に対して (▷vs などと略す)	[ə]
nervous*	形 不安な、緊張した、神経質な、神経の	[ə]
turkey	名 シチメンチョウ	[i]

〈ar〉

| 強い母音 | [áːr] … park の ar | ●○ |

□□□

| garden* | 名 庭、庭園、菜園　動 園芸をする | — |
| pardon* | 動 許す、大目に見る　名 許すこと | — |

□□□

| barber | 名 床屋 (人)、理髪師　▷barbershop 理髪店 | [ər] |
| harbor | 名 港、入江、湾　▷Pearl Harbor 真珠湾 | [ər] |

単語ノート 「床屋（店）、理髪店」を barber's（= barber's shop）で表すこともありますが、's が省略され、barber のみで表すこともあります。

□□□

army	名 軍隊、陸軍　▷navy 海軍	[i]
argue	動 議論する、口論する、主張する	[juː]
Arctic	形 北極の　名（the 〜）北極　▷Antarctic 南極の	[i]
artist*	名 芸術家、画家	[i]
article*	名（新聞・雑誌の）記事、品物、（契約などの）条項、冠詞	[i]

□□□

party*	名 パーティー、集まり、政党、一団	[i]
partly	副 部分的に、一部分は	[i]
partner*	名（ともに活動する）仲間、パートナー、配偶者	[ər]
parking*	名 駐車　▷parking lot 駐車場	[i]

□□□

hardly	副 ほとんど〜ない	[i]
harmful	形 有害な、害を与える	[ə]
harvest	名 収穫、収穫期、収穫高　動 収穫する	[ə]

□□□

carbon	名 炭素　▷carbon dioxide 二酸化炭素	[ə]
carpet	名 じゅうたん、敷物、カーペット	[ə]

発音ノート dioxide（二酸化物、二酸化〜）の発音は [dàiáksaid] です。carbon dioxide は環境問題が話題になるときによく使われることばです。

□□□

farmer*	名 農場主、農民	[ər]
farther	副 もっと遠くに　形 もっと遠い　▶th = [ð]	[ər]

228

□□□

market*	图 市場（いちば）、市（いち）、市場（しじょう）、需要	[ə]
smartphone*	图 スマートフォン	[òu]

単語ノート 広場などで開かれる古物市のことを「蚤の市」といいますが、英語でも「ノミ」を意味する flea（発音は [flíː]）を使って、flea market といいます。

□□□

target	图 （射撃などの）的、標的、目標	[ə]
bargain	图 安い買い物、買い得品、売買契約　▶ai = [ə]	[ə]
darling	图 あなた、ねえ（▷よびかけ）、最愛の人	[i]
garbage*	图 生ごみ、くず	[i]
largely	副 おもに、大部分　▶g = [dʒ]	[i]

STEP 2

〈or, ore, ar〉

強い母音	[ɔ́ːr] … fork の or	●○

□□□

order*	图 命令、注文、順序、秩序　動 命令する、注文する	[ər]
border	图 境界、国境、へり、ふち	[ər]

□□□

formal	形 正式の、形式ばった　▷informal 略式の	[ə]
normal*	形 正常な、ふつうの　▷abnormal 異常な	[ə]

□□□

orbit	图 （天体の）軌道	[i]
organ	图 （動植物の）器官、オルガン、機関、組織	[ə]

□□□

forty*	形 40 の、40 個の　图 40、40 個	[i]
former	形 前の、以前の、前者の、（代名詞的に）前者	[ər]

fortune*	图 財産、富、運、幸運　▷misfortune 不運　▶t = [tʃ]	[ə]
forward*	副 前へ、先へ	[ər]
forecast	图 予報、予想、天気予報　動 予報する	[æ]
forehead	图 額	[è]

発音ノート　fortune の t は [tʃ] と発音します。-tune で [tʃən]（チュン）となります。これは前に見た nature の t が [tʃ] の音を表すのと同じです（⇒p.171）。

☐☐☐

| portion | 图 部分、一部、割り当て、分け前 | [ə] |
| portrait | 图 肖像画、肖像写真、（人物などの）描写　▶ai = [ə] | [ə] |

☐☐☐

| mortal | 形 死をまぬがれない、死ぬべき運命の | － |
| morning* | 图 朝、午前 | [i] |

☐☐☐

| shortage | 图 不足、欠乏 | [i] |
| shortcut | 图 近道、（デスクトップの）ショートカット | [ʌ] |

☐☐☐

corner*	图 角、曲がり角、すみ	[ər]
northern	形 北の、北方の、北部地方の　▶th = [ð]）	[ər]
quarter*	图 4 分の 1、15 分、25 セント貨、地区、区域	[ɔr]

発音ノート　quarter の ar は [ɔːr] と発音します。ar の発音は、war（戦争）のように、w のあとでは [ɔːr] になりますが（⇒p.119）、同じように、qu（発音は [kw]）のあとでも [ɔːr] になります。

〈are, air, ere〉

強い母音	[éər] … care の are	●○

☐☐☐

barely	副 かろうじて、やっと	[i]
rarely	副 めったに～ない　▷rare まれな	[i]
fairly	副 かなり、相当、公平に、公正に	[i]

☐☐☐

airline	名 航空路、航空会社	[ài]
airport*	名 空港	[ɔ́ːr]
aircraft	名 航空機（▷飛行機・飛行船・ヘリコプターなどの総称）	[æ̀]
airplane*	名 飛行機（▷plane ともいう）	[èi]

☐☐☐

| **careful*** | 形 注意深い、慎重な　▷carefully 注意深く | [ə] |
| **careless** | 形 不注意な | [ə] |

☐☐☐

warehouse	名 倉庫、貯蔵庫	[àu]
chairman	名 議長、委員長（▷chair や chairperson も使われる）	[ə]
therefore*	副 それゆえに、したがって　▶th = [ð]	[ɔ́ːr]

〈ear, ere, eer〉

強い母音	[íər] … hear の ear	●○

☐☐☐

nearly*	副 ほとんど、もう少しで	[i]
clearly*	副 はっきりと、明らかに	[i]
merely	副 単に～だけ	[i]

231

| cheerful* | 形 機嫌のよい、陽気な、元気な ▷cheerfully 陽気に | [ə] |

〈ure〉

| 強い母音 | [úər] … lure の ure | ●○ |

□□□

| surely | 副 確かに、まさか ▶s = [ʃ] | [i] |

〈ire, ir〉

| 強い母音 | [áiər] … fire の ire | ●○ |

□□□

firefly	名 ホタル	[ài]
firework*	名 (ふつう fireworks で) 花火、花火大会	[ə:r]
fireplace	名 暖炉	[èi]

□□□

| Ireland | 名 アイルランド | [ə] |
| iron | 名 鉄、アイロン | — |

発音ノート iron は不規則な発音をする語です。[áiər] のあとに語末の [n] の音がついて、全体では [áiərn] (アイァン) という発音になります。

〈ower〉

| 強い母音 | [áuər] … hour の our | ●○ |

□□□

| powerful* | 形 強力な、力強い、勢力のある | [ə] |

STEP 3

母音が3つの単語

704語

ここでは母音が3つある単語を学習します。長いつづりの単語が多くなりますが、STEP1と2で学習してきたことの延長で、母音に着目して学習していきましょう。

● STEP3で学習する単語には、母音が3つあります。母音が3つになっても、発音するポイントは同じです。強く発音する（＝アクセントのある）母音の位置と、その母音です。

● STEP3からは、単語全体の発音記号が行末に示されます。
母音がすぐわかるように、母音字は赤く表示されます。

magician	图 奇術師、手品師、魔術師	[mədʒíʃən]
musician*	图 音楽家、ミュージシャン	[mjuːzíʃən]

＊なお、[j] の音は、ここでは子音として扱い、赤く表示してはいません。

● ここからは発音記号がつくため、これまであった発音に関する注記、例えば、〈▶ s = [z]〉〈▶ th = [ð]〉などといった注記は、特に注意をうながす場合を除いて表示されなくなります。

● STEP1〜STEP2を通じて、母音の発音記号には慣れてきたと思いますが、子音の発音記号には、まだあまり慣れていないと思います。ここで、なじみの少ないものについて確認しておきましょう。

記号	例（1）		例（2）	
ʃ	ship (船)	[ʃíp]	station (駅)	[stéiʃən]
tʃ	child (子ども)	[tʃáild]	nature (自然)	[néitʃər]
θ	think (考える)	[θíŋk]	bath (入浴)	[bǽθ]
ð	this (これ)	[ðís]	with (〜と)	[wíð]
dʒ	enjoy (楽しむ)	[indʒɔ́i]	gentle (優しい)	[dʒéntl]
ʒ	Asia (アジア)	[éiʒə]	vision (視力)	[víʒən]
ŋ	song (歌)	[sɔ́ːŋ]	drink (飲む)	[dríŋk]
j	young (若い)	[jʌ́ŋ]	pure (純粋な)	[pjúər]

＊ l と v もローマ字にない文字ですが、日常的になじみがあるので、除いてあります。
＊英語のつづりとしての j と発音記号としての j は音が異なるので注意しましょう。

前の母音を
強く発音する語

[● ○ ○]

ここからは母音が3つになり、第2アクセントのつく母音も多くなります。これまで以上に、「強弱」が生みだすリズムを大切にしながら発音するように心がけましょう。

⟨a, ai, ei⟩

強い母音	[éi] … cake の a	●○○

☐☐☐

agency	名 代理店、斡旋所、(政府などの) 機関	[éidʒənsi]
radio*	名 ラジオ、ラジオ放送、無線	[réidiòu]
bakery	名 ベーカリー、パン類製造店	[béikəri]
favorite*	形 いちばん好きな 名 お気に入り	[féivərət]
dangerous*	形 危険な、危ない	[déindʒərəs]
stadium*	名 競技場、スタジアム、野球場	[stéidiəm]
maintenance	名 維持、整備、メンテナンス	[méintənəns]
neighborhood	名 近所、(集合的に) 近所の人々	[néibərhùd]

単語ノート neighborhood の -hood には「性質、時期、集団」などの意味があります。ほかに、childhood (子ども時代)、boyhood (少年時代) などがあります。

⟨i, igh, y⟩

強い母音	[ái] … rice の i	●○○

☐☐☐

irony	名 皮肉、アイロニー	[áirəni]
isolate	動 孤立させる、分離する	[áisəlèit]

☐☐☐

violet	名 スミレ、すみれ色	[váiələt]
violent	形 暴力的な、激しい、荒々しい	[váiələnt]
violence	名 暴力、激しさ、荒々しさ	[váiələns]

236

| **vitamin** | 名 ビタミン | [váitəmin] |

単語ノート vitamin の vita- には「生命」の意味があります。 ほかに、vital（生命の）や vitality [vaitǽləti]（生命力、活気）などがあります。

□□□

diary*	名 日記、日誌	[dáiəri]
dialect	名 方言	[dáiəlèkt]
dinosaur	名 恐竜	[dáinəsɔ̀ːr]

□□□

| **scientist*** | 名 科学者 | [sáiəntist] |
| **sightseeing*** | 名 観光、見物 | [sáitsìːiŋ] |

□□□

finally*	副 最後に、ついに、とうとう	[fáinəli]
library*	名 図書館、図書室、蔵書、コレクション	[láibrèri]
microwave	名 電子レンジ（= microwave oven）	[máikrəwèiv]
primary	形 第一の、おもな、初級の、根本の	[práimèri]
quietly*	副 静かに、穏やかに	[kwáiətli]
hydrogen	名 水素（▷元素記号は H）	[háidrədʒən]

STEP 3

〈o〉

| **強い母音** | [óu] … hope の o | ●○○ |

□□□

| **poetry** | 名 （文学の 1 分野としての）詩、詩歌 | [póuətri] |
| **post office*** | 名 郵便局 | [póust ɑ̀fis] |

□□□

| **grocery** | 名 食料雑貨類、食料雑貨店 | [gróusəri] |

| programmer | 名 プログラマー | [próugræmɔr] |

□□□

nobody*	代 だれも～ない	[nóubàdi]
totally	副 まったく、完全に、すっかり	[tóutəli]
motivate	動 動機を与える、やる気を起こさせる	[móutəvèit]
photograph*	名 写真　動 (～の) 写真をとる	[fóutəgræf]

⟨e, ea, ee⟩

| 強い母音 | [íː] … feel の ee | ●○○ |

□□□

| equally | 副 等しく、同様に、平等に | [íːkwəli] |
| easily* | 副 容易に、たやすく | [íːzəli] |

□□□

media	名 マスメディア	[míːdiə]
medium*	名 手段、媒体　形 中くらいの	[míːdiəm]
meaningful	形 意味のある、意味深長な	[míːniŋfəl]

□□□

| theory* | 名 理論、学説 | [θíːəri] |
| theater* | 名 劇場、映画館、演劇 | [θíːətər] |

発音ノート これらの語の eo や ea は、1 つの母音を表しているのではありません。e がアクセントある母音の [íː] を表し、すぐあとの o や a が弱い母音の [ə] を表しています。次の really や realize も同様です。

□□□

| really* | 副 本当に、まったく、へえ、ほんと | [ríːəli] |
| realize* | 動 はっきり理解する、さとる、実現する | [ríːəlàiz] |

recently*	副 最近、近ごろ	[ríːsntli]
regional	形 地方の、地域の、その土地の	[ríːdʒənl]
previous	形 （時間・順序が）前の、先の	[príːviəs]
prefecture*	名 （日本・フランスなどの）県	[príːfektʃər]
frequently	副 ひんぱんに、しばしば	[fríːkwəntli]
reasonable	形 道理にかなった、（値段が）手ごろな	[ríːznəbl]

発音ノート ① really は [ríːli] と発音されることが多くなってきています。
② previous の vious は [viəs]（ヴィァス）と発音します。

□□□

| **teenager*** | 名 ティーンエイジャー（▷13歳から19歳） | [tíːnèidʒər] |
| **scenery** | 名 （集合的に）風景、景色、舞台の背景 | [síːnəri] |

 g はどういうときに [dʒ]（ジ）の音になるの？

実は、g は e, i, y の前では [dʒ] の音になる、という規則性のようなものがあるのですが、基本的な単語（get, give, girl, begin など）に例外が多いため、これまではふれませんでした。 STEP 3 の単語になると、その規則に従った発音が多くなるので、傾向として知っておくといいでしょう。

⟨u, eau⟩

| **強い母音** | **[júː] … cute の u** | ●○○ |

□□□

usual*	形 いつもの、ふつうの	[júːʒuəl]
uniform*	名 制服、ユニフォーム　形 一定の	[júːnəfɔ̀ːrm]
universe	名 宇宙、（宇宙の）すべてのもの、全世界	[júːnəvə̀ːrs]

発音ノート usual の su は [ʒu]（ジュ）と発音します。あとで見る visual（視覚の）の su も同様です。

| **mutual** | 形 おたがいの、相互の | [mjúːtʃuəl] |
| **musical*** | 形 音楽の、音楽的な　名 ミュージカル | [mjúːzikəl] |

発音ノート mutual の tu は [tʃu] (チュ) と発音します。t が [tʃ] の音になるのは、前に見た nature (自然) の t が [tʃ] の音になるのと同じです。

funeral	名 葬式	[fjúːnərəl]
cucumber	名 キュウリ	[kjúːkʌmbər]
beautiful*	形 美しい、きれいな、すばらしい	[bjúːtəfəl]

〈u, ew〉

| 強い母音 | [úː] … rule の u | ●○○ |

numerous	形 多数の、たくさんの	[núːmərəs]
newspaper*	名 新聞、新聞紙	[núːzpèipər]
newscaster	名 ニュースキャスター	[núːzkæ̀stər]

| **suicide** | 名 自殺 | [súːəsàid] |
| **supervise** | 動 監督する、指揮する | [súːpərvàiz] |

単語ノート 「自殺」を意味する suicide に対して「(他人を死なせる) 殺人」のことを homicide [háməsàid] といいます。murder (殺人) とは違って、過失や正当防衛などによる殺人に対しても使えます。

| **Jupiter** | 名 木星 | [dʒúːpətər] |
| **studio** | 名 放送室、スタジオ、(芸術家の) 仕事場 | [stúːdiòu] |

母音 ②

〈a〉

| 強い母音 | [ǽ] … bat の a | ●○○ |

☐☐☐

| **annual** | 形 毎年の、1年間の | [ǽnjuəl] |
| **manual** | 名 手引書、マニュアル　形 手動の | [mǽnjuəl] |

発音ノート annual と manual の nu は [nju] (ニュ) と発音します。[j] の音が入ることに注意しましょう。

☐☐☐

| **national*** | 形 国の、国民的な、国立の | [nǽʃnəl] |
| **rational** | 形 理性的な、分別のある、合理的な | [rǽʃnəl] |

☐☐☐

Africa*	名 アフリカ	[ǽfrikə]
African	形 アフリカ (人) の　名 アフリカ人	[ǽfrikən]
afterward	副 あとで、その後	[ǽftərwərd]
animal*	名 動物	[ǽnəməl]
analyze	動 分析する　▷analyst 分析者	[ǽnəlàiz]
ancestor	名 先祖、祖先	[ǽnsestər]

☐☐☐

actual	形 現実の、実際の	[ǽktʃuəl]
accident*	名 事故、偶然	[ǽksədənt]
accurate	形 正確な	[ǽkjərət]
alcohol	名 アルコール、アルコール飲料、酒	[ǽlkəhɔ̀ːl]
alphabet	名 アルファベット	[ǽlfəbèt]

adequate	形 十分な、適当な	[ǽdikwət]
advertise	動 広告する、宣伝する	[ǽdvərtàiz]

発音ノート accurate の cu は [kjə]（キュ）と発音します。[j] の音が入ることに注意しましょう。 あとで見る calculate（計算する）の cu も同様です。

□□□

avenue	名 大通り、〜通り、〜街	[ǽvənù:]
average*	形 平均の、ふつうの　名 平均	[ǽvəridʒ]
amateur	名 アマチュア　形 アマチュアの	[ǽmətʃər]
ambulance	名 救急車	[ǽmbjələns]
absolute	形 完全な、全くの、絶対の	[ǽbsəlù:t]
appetite	名 食欲	[ǽpətàit]
attitude	名 態度、考え方	[ǽtitù:d]
atmosphere*	名 大気、空気、雰囲気	[ǽtməsfìər]
astronaut*	名 宇宙飛行士	[ǽstrənɔ̀:t]

発音ノート ① amateur は [ǽmətər]、あるいは [ǽmətʃùər] と発音することもあります。 ② ambulance の bu は [bjə]（ビュ）と発音します。[j] の音が入ることに注意しましょう。 あとで見る vocabulary（語彙）の bu も同様です。

□□□

camera*	名 カメラ、写真機	[kǽmərə]
Canada*	名 カナダ　▷Canadian カナダの	[kǽnədə]
casual	形 何気ない、ふだん着の、偶然の	[kǽʒuəl]
cabinet	名 戸棚、キャビネット、内閣	[kǽbənət]
capital	名 首都、大文字、資本　形 最も重要な	[kǽpətl]
calendar*	名 カレンダー、こよみ	[kǽləndər]
calculate	動 計算する　▷calculator 計算機	[kǽlkjəlèit]

242

candidate	图 候補者、志願者	[kǽndidèit]
catalogue	图 カタログ、目録（▷catalog ともつづる）	[kǽtəlɔ̀ːg]
character*	图 性格、特質、登場人物、文字	[kǽrəktər]

単語ノート character はおもに「表意文字」のときに使います。 アルファベットのような「表音文字」のときは letter を使います。「漢字」は Chinese character といいます。

□□□

manager*	图 経営者、支配人、（スポーツの）監督	[mǽnidʒər]
management	图 経営、管理、（集合的に）経営陣	[mǽnidʒmənt]
maximum	图 最大限　图 最大限の	[mǽksəməm]
magazine*	图 雑誌	[mǽgəzìːn]
marathon*	图 マラソン	[mǽrəθɑ̀n]
masterpiece	图 傑作、名作	[mǽstərpìːs]

発音ノート magazine は、後ろの母音に第1アクセントをおいて、[mæɡəzíːn] と発音することもあります。

□□□

balcony	图 バルコニー	[bǽlkəni]
barrier	图 障壁、柵、障害、妨げ	[bǽriər]
battery	图 電池、バッテリー、（野球の）バッテリー	[bǽtəri]
badminton	图 バドミントン	[bǽdmintn]
basketball*	图 バスケットボール	[bǽskətbɔ̀ːl]

□□□

salary	图 給料、サラリー	[sǽləri]
satisfy*	動 満足させる	[sǽtisfài]
Saturday*	图 土曜日	[sǽtərdèi]

satellite*	名 人工衛星、衛星	[sǽtəlàit]
sacrifice	動 犠牲にする　名 犠牲、いけにえ	[sǽkrəfàis]

単語ノート broadcasting satellite（放送衛星）、communication satellite（通信衛星）を利用した放送を BS 放送、CS 放送といいます。

☐☐☐

family*	名 家族、一族	[fǽməli]
factory*	名 工場、製作所	[fǽktəri]
fantasy	名 空想、幻想、ファンタジー	[fǽntəsi]
fascinate	動 うっとりさせる、魅惑する	[fǽsənèit]

☐☐☐

happily*	副 幸福に、うれしそうに、幸いにも	[hǽpəli]
happiness*	名 幸福、幸せ	[hǽpinəs]
hamburger*	名 ハンバーガー、ハンバーグ	[hǽmbə̀ːrgər]
handkerchief	名 ハンカチ　▶ie = [i]	[hǽŋkərtʃif]

☐☐☐

paradise	名 天国、楽園	[pǽrədàis]
parallel	形 平行した　名 平行線、匹敵するもの	[pǽrəlèl]
paragraph	名 段落、パラグラフ	[pǽrəgrǽf]
passenger*	名（列車・バスなどの）乗客	[pǽsəndʒər]

☐☐☐

natural*	形 自然の、当然の、生まれつきの	[nǽtʃərəl]
navigate	動（船・飛行機を）操縦する、航海する	[nǽvəgèit]

☐☐☐

gallery	名 美術館、画廊、見物人	[gǽləri]
gasoline	名 ガソリン	[gǽsəlìːn]

□□□

charity[*]	图 慈善、慈善行為、慈善団体	[tʃǽrəti]
champion	图 優勝者　▷championship 選手権	[tʃǽmpiən]

□□□

radical	形 根本的な、過激な	[rǽdikəl]
tragedy	图 悲劇、悲劇的な事件　▷comedy 喜劇	[trǽdʒədi]
traveler	图 旅行者	[trǽvələr]
strategy	图 （全体的な）戦略、作戦計画、方策	[strǽtədʒi]
practical	形 実用的な、実際的な、現実的な	[prǽktikəl]

□□□

graduate^{1*}	動 卒業する	[grǽdʒuèit]
graduate²	图 卒業生（▷-ate の発音に注意）	[grǽdʒuət]
grandparent[*]	图 （複数形で）祖父母	[grǽnpèrənt]
grandfather[*]	图 祖父　▷grandpa おじいちゃん	[grǽnfàːðər]
grandmother[*]	图 祖母　▷grandma おばあちゃん	[grǽnmʌðər]

STEP
3

発音ノート graduate の d は [dʒ]（ジ）と発音します。あとで見る educate（教育する）の d も同様です。

□□□

classify	動 分類する	[klǽsəfài]
classical[*]	形 古典主義の、古典の、クラシックの	[klǽsikəl]

□□□

talented	形 才能のある	[tǽləntid]
valuable	形 貴重な、価値のある　图 貴重品	[vǽljuəbl]

発音ノート valuable の lu は [lju]（リュ）と発音します。[j] の音が入ることに注意しましょう。

強い母音	[í] … big の i	

☐☐☐

India*	名 インド	[índiə]
Indian*	形 インド(人)の　名 インド人	[índiən]
indicate	動 指し示す、示す、表す	[índikèit]
industry*	名 産業、工業、勤勉	[índəstri]
interest*	名 興味、利益　動 興味を起こさせる	[íntrəst]
Internet*	名 (the Internet で) インターネット	[íntərnèt]
interview*	名 面接、インタビュー　動 面接する	[íntərvjùː]
intimate	形 親密な、親しみやすい、くつろげる	[íntəmət]
ignorance	名 無知　▷ignorant 無知な	[ígnərəns]
illustrate	動 挿絵を入れる、(例や図で) 説明する	[íləstrèit]

発音ノート indicate や intimate のように、語尾が -ate になる場合、-ate の発音は、動詞だと [èit] になり、形容詞だと [ət] になります。名詞の場合はどちらになることもあります。

☐☐☐

Italy*	名 イタリア	[ítəli]
injury	名 傷、けが、損害	[índʒəri]
inquiry	名 問い合わせ、質問、調査	[ínkwəri]
incident	名 できごと、事件	[ínsədənt]
institute	名 研究所、協会、(理工系の) 専門大学	[ínstətùːt]
instrument	名 道具、器具、楽器	[ínstrəmənt]
innocent	形 無罪の、無邪気な　▷innocence 無罪	[ínəsənt]
influence*	名 影響、影響力　動 影響を与える	[ínfluəns]

imitate	動 まねる、見習う	[ímətèit]
immigrant	名 (他の国からの) 移民	[ímigrənt]

単語ノート ①inquiry は [inkwáiəri] とも発音します。 ②米国のエリート名門校の1つである MIT は、Massachusetts Institute of Technology (マサチューセッツ工科大学) の略で、Institute は「専門大学」の意味です。

□□□

mineral	名 鉱物、ミネラル 形 鉱物の	[mínərəl]
minimum	名 最小限 形 最小限の	[mínəməm]
minister	名 大臣、公使、牧師	[mínəstər]
ministry	名 (政府の) 省、大臣の職、牧師の職	[mínəstri]
miserable	形 みじめな、悲惨な	[mízərəbl]
mystery*	名 神秘、不思議、(小説などの) 推理もの	[místəri]

□□□

digital	形 デジタルの、デジタル表示の	[dídʒətl]
dignity	名 威厳、尊厳、品位	[dígnəti]
different*	形 違う、異なった、いろいろな	[dífərənt]
difference*	名 違い、差	[dífərəns]
difficult*	形 難しい、困難な	[dífikəlt]
discipline	名 訓練、しつけ、規律	[dísəplin]

□□□

similar*	形 同じような、似ている	[símələr]
citizen	名 市民、住民、国民	[sítəzn]
sympathy	名 同情、共感、共鳴	[símpəθi]
symphony	名 交響曲、シンフォニー	[símfəni]
serious*	形 真剣な、重大な、(病気などが) 重い	[síriəs]

STEP 3

video*	名 映像、ビデオ　形 ビデオの	[vídiòu]
visual	形 視覚の、視覚による	[víʒuəl]
visitor*	名 訪問者、来客、観光客	[vízitər]
victory	名 勝利、戦勝	[víktəri]
vinegar	名 酢、食用酢	[vínəɡər]

liberal	形 自由主義の、自由を愛する、心の広い	[líbərəl]
liberty	名 自由、解放	[líbərti]
limited	形 限られた、有限の、わずかな	[límitid]
listener	名 聴く人、聴き手、（ラジオの）聴取者	[lísnər]

fisherman*	名 漁師、釣りをする人	[fíʃərmən]
physical*	形 身体の、肉体の、物質の、物理的な	[fízikəl]

pyramid	名 ピラミッド（▷古代エジプトの王の墓）	[pírəmìd]
period*	名 期間、時代、授業時間、ピリオド	[píriəd]

criminal	名 犯罪者、犯人　形 犯罪の	[krímənl]
critical	形 批判的な、危機的な、決定的な	[krítikəl]
criticism	名 批判、非難、批評	[krítəsìzm]
criticize	動 批判する、非難する、批評する	[krítəsàiz]
primitive	形 原始の、原始的な、素朴な	[prímətiv]
principal*	名 校長　形 第一の、主要な	[prínsəpl]
privilege	名 特権、特典	[prívəlidʒ]

□□□

| **stimulate** | 動 刺激する、活気づける | [stímjəlèit] |
| **typical** | 形 典型的な、代表的な | [típikəl] |

発音ノート stimulate の mu は [mjə] (ミュ) と発音します。[j] の音が入ることに注意しましょう。あとで見る simulation (シミュレーション) の mu も同様です。

□□□

| **history**[*] | 名 歴史、歴史書、経歴 | [hístəri] |
| **business**[*] | 名 商売、事業、取引、仕事 | [bíznəs] |

発音ノート business は、本書では STEP3 に入れていますが、i は発音しない文字で、音節 (＝音のまとまり) は 2 つです。

〈o, a〉

| 強い母音 | [á] …job の o | ●○○ |

STEP 3

□□□

| **dominate** | 動 支配する、君臨する、優勢である | [dámənèit] |
| **nominate** | 動 (候補として) 指名する、推薦する | [námənèit] |

□□□

opera	名 オペラ、歌劇	[ápərə]
operate	動 手術する、(機械などを) 操作する	[ápərèit]
opposite	形 反対の、反対側の　名 反対のもの	[ápəzit]
occupy	動 (場所などを) 占める、占領する	[ákjəpài]
octopus	名 タコ (生物)	[áktəpəs]
omelet	名 オムレツ (▷omelette ともつづる)	[ámlət]
oxygen	名 酸素 (▷元素記号は O)	[áksidʒən]
obvious	形 明らかな、はっきりした	[ábviəs]
officer[*]	名 公務員、役人、将校、警官	[áfisər]

octopus の octo- や、octa- には、「8」の意味があります。 タコは足が 8 本です。 October（10 月）は、元はローマ歴の 8 月でした。 また、「八角形」のことを octagon [áktəgàn] といいます。 音楽用語の「オクターブ」も「8 度の音程」という意味です。

☐☐☐

policy	名 政策、方針	[páləsi]
politics	名 政治、政治学、政策	[pálətiks]
popular*	形 人気のある、一般民衆の、大衆向けの	[pápjələr]
poverty	名 貧困、貧しさ	[pávərti]
positive*	形 積極的な、肯定的な、確信している	[pázətiv]
possibly	副 もしかしたら、ことによると	[pásəbli]

popular の pu は [pjə]（ピュ）と発音します。 [j] の音が入ることに注意しましょう。 あとで見る reputation（評判）の pu も同様です。

☐☐☐

monitor	動 監視する　名 監視装置、モニター	[mánətər]
monument	名 記念碑、記念物	[mánjəmənt]
moderate	形 適度の、ほどほどの、穏健な	[mádərət]

☐☐☐

| holiday* | 名 休日、祭日 | [hálədèi] |
| hospital* | 名 病院 | [háspitl] |

☐☐☐

colony	名 植民地、（特定の人々が集まる）居住地	[káləni]
comedy	名 喜劇、コメディー	[kámədi]
contrary	形 反対の、逆の　名 逆	[kántrèri]
continent	名 大陸	[kántənənt]
confident	形 自信がある、確信している	[kánfidənt]

confidence	名 信頼、自信、確信	[kánfidəns]
conference	名 会議、相談	[kánfərəns]
constantly	副 絶えず、いつも	[kánstəntli]
concentrate	動 集中する、専念する	[kánsəntrèit]
consequence	名 結果、重要さ、重大さ	[kánsəkwèns]
scholarship	名 奨学金、学問	[skálərʃìp]

□□□

probably*	副 たぶん、おそらく	[prábəbli]
properly	副 適切に、きちんと	[prápərli]
property	名 財産、所有物、所有地、特性	[prápərti]
prominent	形 傑出した、著名な、目立つ	[prámənənt]
tropical	形 熱帯の、熱帯地方の	[trápikəl]

STEP
3

□□□

Washington	名 ワシントン (米国の首都／米国の州名)	[wáʃiŋtən]
qualify	動 資格を与える、資格を得る	[kwáləfài]
quality	名 質、品質、特質	[kwáləti]
quantity	名 量、分量	[kwántəti]

発音ノート wash (洗う) や watch (うで時計) などの a と同じで、w や qu (発音は [kw]) のあとの a は、[ǽ] ではなく [á] の音になります。なお、Washington は、米国の首都をさす場合は、しばしば Washington, D.C. といいます。D.C. は District of Columbia (コロンビア特別区：どの州にも属さない) の略です。

□□□

logical	形 論理的な	[ládʒikəl]
document	名 文書、書類	[dákjəmənt]
following*	形 次の、以下の 名 次のもの、以下	[fálouiŋ]

| volleyball* | 名 バレーボール | [válibɔ̀ːl] |
| chocolate* | 名 チョコレート、チョコレート色 | [tʃákələt] |

⟨e, ea, a⟩

| 強い母音 | [é] … bed の e | ●○○ |

□□□

| resident | 名 (一時的な)居住者、在住者 | [rézədənt] |
| president* | 名 大統領、会長、社長、学長 | [prézədənt] |

□□□

| reference | 名 言及、ふれること、参照、出典 | [réfərəns] |
| preference | 名 (他より)好むこと、好み、好きなもの | [préfərəns] |

□□□

| readily | 副 進んで、快く、たやすく | [rédəli] |
| steadily | 副 着実に、しっかりと | [stédəli] |

□□□

enemy*	名 敵、敵軍	[énəmi]
energy*	名 精力、活動力、元気、エネルギー	[énərdʒi]
editor	名 編集者、編者 ▷edit 編集する	[éditər]
educate	動 教育する、養成する	[édʒəkèit]
elderly*	形 年配の、初老の	[éldərli]
element	名 要素、元素	[éləmənt]
elephant*	名 ゾウ(動物)	[éləfənt]
embassy	名 大使館	[émbəsi]
emperor	名 皇帝、天皇	[émpərər]
emphasis	名 強調	[émfəsis]

emphasize	動 強調する、力説する	[émfəsàiz]

□□□

evident	形 明白な、明らかな	[évədənt]
evidence	名 証拠	[évədəns]
envelope	名 封筒	[énvəlòup]
enterprise	名 事業、企業、冒険心	[éntərpràiz]
estimate¹	名 見積もり、評価	[éstəmət]
estimate²	動 見積もる、評価する	[éstəmèit]
exercise*	名 運動、練習、練習問題　動 訓練する	[éksərsàiz]
excellent*	形 すぐれた、優秀な、すばらしい	[éksələnt]

STEP 3

□□□

everyday*	形 毎日の、日常の、ありふれた	[évridèi]
everyone*	代 だれでも、みんな	[évriwÀn]
everything*	代 すべてのこと、何もかも	[évriθìŋ]
everywhere*	副 どこでも、あらゆる所に	[évri(h)wèər]
area*	名 地域、区域、面積	[ériə]
anyone*	代 だれか、だれも、だれでも	[éniwÀn]
anyway*	副 とにかく、いずれにせよ	[éniwèi]
anything*	代 何でも、何か、何も	[éniθìŋ]
anywhere*	副 どこでも、どこかで、どこにも	[éni(h)wèər]

□□□

melody	名 旋律、メロディー	[mélədi]
memory*	名 記憶、記憶力、思い出	[méməri]
memorize	動 記憶する、暗記する	[méməràiz]
membership	名 会員であること、会員資格、会員数	[mémbərʃip]

medical*	形 医学の、医療の、内科の	[médikəl]
medicine*	名 薬、医学	[médəsn]
mechanism	名 機械装置、機構、メカニズム	[mékənìzm]

単語ノート membership の -ship には「性質・状態・地位・身分」などの意味があります。ほかに、friendship（友情、友人関係）、leadership（指導力）、championship（選手権、優勝者の地位）などがあります。

□□□

sexual	形 性の、性的な、性別の　▶x = [kʃ]	[sékʃuəl]
seventy*	形 70 の、70 個の　名 70、70 個	[sévnti]
several*	形 いくつかの　代 いくつかのもの	[sévərəl]
century*	名 世紀、100 年	[séntʃəri]
sensitive	形 敏感な、感じやすい、傷つきやすい	[sénsətiv]
separate¹*	形 分かれた、分離した、別々の	[sépərət]
separate²*	動 分ける、離す、分かれる、別れる	[sépərèit]
celebrate*	動 祝う	[séləbrèit]

発音ノート sexual では、u の前の x を [kʃ]（クシュ）と発音します。あとで見る luxury（ぜいたく）の x も同様です。

□□□

decorate	動 飾る　▷decoration 装飾	[dékərèit]
definite	形 明確な、一定の　▷definitely 明確に	[défənət]
delicate	形 こわれやすい、繊細な、優美な、微妙な	[délikət]
desperate	形 絶望的な、やけくその、必死の	[déspərət]
demonstrate	動 実証する、実物で説明する、デモをする	[démənstrèit]

□□□

general	形 全般的な、一般的な、大ざっぱな	[dʒénərəl]

254

generate	動 （電気・熱などを）発生させる、生む	[dʒénərèit]
generous	形 気前のよい、寛大な	[dʒénərəs]
genuine	形 本物の、真の、見せかけでない	[dʒénjuin]

□□□

tendency	名 傾向、性向、くせ	[téndənsi]
technical	形 技術の、技術上の、専門の、専門的な	[téknikəl]
telephone＊	名 電話、電話機	[téləfòun]
telescope	名 望遠鏡	[téləskòup]

単語ノート telephone や telescope の tele- には「遠い、遠距離の」の意味があります。 ほかに、television（テレビ）、telegram [téləgræm]（電報・電信）、telepathy [təlépəθi]（テレパシー）などがあります。 なお、最近耳にする「テレワーク」は必ずしも和製英語とはいえませんが、一般的な表現ではありません。

□□□

heritage＊	名 遺産　▷World Heritage 世界遺産	[hérətidʒ]
hesitate	動 ためらう、ちゅうちょする	[hézətèit]
headquarters	名 本部、本社	[hédkwɔ̀ːrtərz]

□□□

| **federal** | 形 連邦の、（Federal で）合衆国連邦政府の | [fédərəl] |
| **festival**＊ | 名 祭り、祝祭、祭日、～祭 | [féstəvl] |

単語ノート アメリカの警察機関の１つである FBI は、Federal Bureau of Investigation（連邦捜査局）の略です。 州をまたがる（＝連邦）レベルの事件の捜査を行ないます。bureau [bjúrou] は「（官庁の）局」という意味です。

□□□

| **vegetable**＊ | 名 野菜　形 野菜の、植物の | [védʒtəbl] |
| **various**＊ | 形 さまざまな、いろいろな | [vériəs] |

STEP 3

255

単語ノート 「菜食主義者」のことを vegetarian [vèdʒətériən] といいます。「ベジタリアン」は日本語にもなっています。

□□□

chemical*	形 化学の、化学的な　名 化学製品	[kémikəl]
chemistry	名 化学、化学的性質、相性	[kémistri]

□□□

recipe	名 調理法、レシピ、秘訣	[résəpì:]
regular*	形 定期的な、規則的な、正規の	[régjələr]
register	動 登録する　名 登録簿、レジスター	[rédʒistər]
relative	名 親戚、親類　形 相対的な、比較的な	[rélətiv]
recognize	動 それとわかる、気づく、事実と認める	[rékəgnàiz]
restaurant*	名 レストラン、料理店	[réstərənt]
prejudice	名 偏見、先入観	[prédʒədis]

発音ノート ① recipe では例外的に語末の e を発音します。 ② regular の gu は [gjə]（ギュ）と発音します。[j] の音が入ることに注意しましょう。あとで見る argument（議論）の gu も同様です。

□□□

penalty	名 刑罰、罰金	[pénəlti]
specialty	名 特産品、おすすめ品、専門、専攻	[spéʃəlti]
specialist	名 専門家、専門医	[spéʃəlist]
specialize	動 専門にする、専攻する	[spéʃəlàiz]

□□□

benefit	名 利益　動 利益を得る、利益を与える	[bénəfit]
negative	形 否定的な、消極的な　名 否定	[négətiv]
yesterday*	副 きのうは　名 きのう	[jéstərdèi]

強い母音	[ʌ] … cup の u	●○○

☐☐☐

ultimate	形 究極の、最後の、最高の	[ʌ́ltəmət]
underwear	名 肌着（類）、下着（類）	[ʌ́ndərwèər]
underground	形 地下の、秘密の、非合法の	[ʌ́ndərgràund]
otherwise	副 そうでなければ、別のやり方で	[ʌ́ðərwàiz]

☐☐☐

cultural*	形 文化の、文化的な	[kʌ́ltʃərəl]
cultivate	動 耕す、栽培する、（精神的なものを）養う	[kʌ́ltəvèit]
customer*	名 （商店・企業などの）客、得意客	[kʌ́stəmər]
company*	名 会社、仲間、一緒にいること、来客	[kʌ́mpəni]
comfortable*	形 心地よい、快適な、気楽な	[kʌ́mfərtəbl]
colorful*	形 色彩豊かな	[kʌ́lərfəl]
countryside	名 いなか、田園地帯	[kʌ́ntrisàid]

発音ノート comfortable は、しばしば [ər]（or の表す音）が弱くなって消え、[kʌ́mftəbl]（「カンフタボ」に近い音）と発音されます。あとで見る uncomfortable（心地よくない）も同様です。

☐☐☐

summary	名 要約、まとめ、概要	[sʌ́məri]
suddenly*	副 とつぜん、急に	[sʌ́dnli]
submarine	名 潜水艦	[sʌ́bmərìːn]
substitute	名 代わりのもの〔人〕 動 代わりに使う	[sʌ́bstətùːt]
supplement	名 補足、付録、増刊、栄養補助食品	[sʌ́pləmənt]
somebody*	代 だれか、ある人	[sʌ́mbàdi]

STEP 3

□□□

luxury	名 ぜいたく、ぜいたく品　▶xu = [kʃə]	[lʌ́kʃəri]
luckily	副 幸運にも（▷文全体を修飾する）	[lʌ́kəli]
lullaby	名 子守歌	[lʌ́ləbài]

□□□

governor	名（米国の）州知事、統治者、支配者	[gʌ́vənər]
government*	名 政府、政治、統治	[gʌ́vərnmənt]

□□□

justify	動 正当化する、正しいとする、弁明する	[dʒʌ́stəfài]
punctual	形 時間を守る	[pʌ́ŋktʃuəl]
butterfly	名 チョウ（昆虫）	[bʌ́tərflài]
wonderful*	形 すばらしい、不思議な、驚くべき	[wʌ́ndərfəl]
stomachache	名 腹痛　▷toothache 歯痛	[stʌ́məkèik]

〈u〉

強い母音	[ú] … push の u	●○○

□□□

curious	形 好奇心の強い、奇妙な　▶cu = [kjú]	[kjúriəs]
furious	形 怒り狂った、荒れ狂う　▶fu = [fjú]	[fjúriəs]

258

⟨au, o, a, aw⟩

| 強い母音 | [ɔ́ː] … call の a | ●○○ |

□□□

audience＊	名 聴衆、観衆、視聴者	[ɔ́ːdiəns]
autograph	名 自筆の署名、（有名人の）サイン	[ɔ́ːtəgræf]
origin	名 起源、始まり、生まれ	[ɔ́rədʒin]

単語ノート autograph の auto- には「自身の、自動の」という意味があります。ほかに、automation [ɔ̀ːtəméiʃən]（オートメーション）、autobiography [ɔ̀ːtəbaiágrəfi]（自伝）、autonomy [ɔːtánəmi]（自治）などがあります。

□□□

warrior	名 戦士、武士、武人	[wɔ́ːriər]
waterfall	名 滝	[wɔ́ːtərfɔ̀ːl]
waterproof	形 防水の ▷bulletproof 防弾の	[wɔ́ːtərprùːf]

単語ノート waterproof の -proof には「防ぐ、耐える」の意味があります。例えば、earthquake-proof で「耐震（性）の」という意味になります。

□□□

| **strawberry** | 名 イチゴ | [strɔ́ːbèri] |
| **foreigner**＊ | 名 外国人 ▷g は無音 | [fɔ́ːrənər] |

⟨ow⟩

| 強い母音 | [áu] … house の ou | ●○○ |

□□□

| **nowadays** | 副 このごろは、今日では | [náuədèiz] |

〈ir, er, our, ur〉

強い母音	[ə́ːr] … bird の ir	●○○

circulate	動 循環する、広まる、循環させる	[sə́ːrkjəlèit]
circumstance	名 事情、状況、境遇	[sə́ːrkəmstæns]
certainly*	副 確かに、きっと、もちろんです	[sə́ːrtnli]

personal*	形 個人の、個人的な、私的な	[pə́ːrsnəl]
perfectly	副 完全に、申し分なく、まったく	[pə́ːrfiktli]
permanent	形 永久の、永続的な	[pə́ːrmənənt]

単語ノート 「終身雇用」のことを permanent employment といいます。 なお、
「一時雇用、臨時雇用」は temporary employment です。

virtual	形 仮想の、事実上の	[və́ːrtʃuəl]
vertical	形 垂直の ▷horizontal 水平の、横の	[və́ːrtikəl]

単語ノート 「仮想現実」のことを VR といいますが、これは virtual reality の略
です。「バーチャル・リアリティー」も日本語になっています。

Germany*	名 ドイツ	[dʒə́ːrməni]
journalist	名 ジャーナリスト	[dʒə́ːrnəlist]

Mercury	名 水星 ▷mercury 水銀	[mə́ːrkjəri]
terminal	名 (鉄道・バスなどの)終点、ターミナル	[tə́ːrmənl]
surgery	名 外科、外科手術 ▷surgeon 外科医	[sə́ːrdʒəri]
furniture	名 (集合的に)家具	[fə́ːrnitʃər]

●○○ : [ə́ːr]～[ɔ́ːr]

単語ノート terminal には形容詞として「末期の、終点の」の意味もあります。「終末期医療」のことを terminal care といいます。

〈ar〉

強い母音	[áːr] … park の ar	●○○

□□□

| argument | 名 議論、口論 | [áːrgjəmənt] |
| architect | 名 建築家 | [áːrkətèkt] |

□□□

| carnival | 名 謝肉祭、カーニバル | [káːrnəvl] |
| carpenter* | 名 大工 | [káːrpəntər] |

□□□

harmony	名 調和、一致、ハーモニー、和声	[háːrməni]
barbecue	名 バーベキュー	[báːrbikjùː]
pharmacy	名 薬局、薬学	[fáːrməsi]

〈or〉

強い母音	[ɔ́ːr] … fork の or	●○○

□□□

| organize | 動 (行事などを) 計画する、組織する | [ɔ́ːrgənàiz] |
| orchestra | 名 オーケストラ、管弦楽団 | [ɔ́ːrkəstrə] |

□□□

| normally | 副 正常に、ふつうに、通常は、いつもは | [nɔ́ːrməli] |
| fortunate | 形 幸運な、幸運をもたらす | [fɔ́ːrtʃənət] |

261

| 強い母音 | [éər] … care の are 〈are〉 | ●○○ |

□□□

| **carefully**[*] | 副 注意深く、慎重に | [kéərfəli] |

| 強い母音 | [úər] … lure の ure 〈our〉 | ●○○ |

□□□

| **tournament**[*] | 图 トーナメント、勝ち抜き戦 | [túərnəmənt] |

| 強い母音 | [áiər] … fire の ire 〈ire〉 | ●○○ |

□□□

| **firefighter** | 图 消防士、消防隊員 | [fáiərfàitər] |

単語ノート 「消防士」は fireman という言い方もありますが、現在では、性別を表さない firefighter が使われるようになってきています。

真ん中の母音を
強く発音する語

[○●○]

「弱・強・弱」のリズムをつけて発音することが
だいじです。初めは、少し誇張しすぎかな、と
思うくらいに強弱をつけてみると、リズムがつ
かめてくるでしょう。

〈a, ai〉

強い母音	[éi] … cake の a	○●○

☐☐☐

location	名 位置、場所、所在地、(映画の) ロケ地	[loukéiʃən]
vocation	名 職業、天職	[voukéiʃən]
vacation*	名 休暇、休み	[veikéiʃən]
creation	名 創造、創作、創造物、創作物	[kriéiʃən]
relation	名 関係、関連、親類、親戚	[riléiʃən]
inflation	名 インフレーション	[infléiʃən]
translation	名 翻訳、翻訳したもの	[trænsléiʃən]
sensation	名 大評判、センセーション、感覚	[senséiʃən]
foundation	名 基礎、土台、設立、財団	[faundéiʃən]

単語ノート 語尾の -tion は、動詞を名詞化するときにしばしば使われる形で、「動作、状態」などを表します。

☐☐☐

| tomato* | 名 トマト | [təméitou] |
| potato* | 名 ジャガイモ | [pətéitou] |

☐☐☐

| occasion | 名 (特定の) 場合、折、行事 | [əkéiʒən] |
| invasion | 名 侵略、侵入 | [invéiʒən] |

☐☐☐

| eraser | 名 消しゴム、黒板ふき | [iréisər] |
| arrangement | 名 配置、配列、協定、(複数形で) 準備 | [əréindʒmənt] |

courageous	形 勇気のある　▶ge = [dʒ]	[kəréidʒəs]
Australia*	名 オーストラリア　▶li = [lj]	[ɔːstréiljə]
Australian*	形 オーストラリア(人)の　▶li = [lj]	[ɔːstréiljən]

□□□

amazing*	形 びっくりするような	[əméiziŋ]
creative*	形 創造力のある、独創的な	[kriéitiv]
behavior*	名 ふるまい、行動、行儀　▶vi = [vj]	[bihéivjər]
engagement	名 婚約、約束	[ingéidʒmənt]
volcano	名 火山	[vɑlkéinou]
available	形 手に入る、利用できる、手があいて	[əvéiləbl]

発音ノート behavior の -vior は [vjər](ヴァァ)と発音します。vi の i が [j] の音になることに注意しましょう。

〈i〉

| **強い母音** | [ái] … rice の i | ○●○ |

□□□

arrival	名 到着、到達、(新しいものの)出現	[əráivl]
revival	名 復活、復興、回復、再上映	[riváivl]
survival	名 生き残ること、生存	[sərváivl]

単語ノート 語尾の -al は、動詞を名詞化するときに使われる形です。ほかには、renewal(更新)、refusal(拒否)、removal(除去)などがあります。なお、-al の形は名詞を形容詞化するときにも使われます。

□□□

| **excited*** | 形 興奮した、わくわくした | [iksáitid] |
| **exciting*** | 形 興奮させる、わくわくするような | [iksáitiŋ] |

265

reliable	形 信頼できる、当てにできる	[riláiəbl]
unlikely	形 ありそうもない、見込みがない	[ʌnláikli]

horizon	名 地平線、水平線、視野	[həráizn]
surprising*	形 驚くべき、意外な	[sərpráiziŋ]

designer	名 デザイナー、設計者　▶ g は無音	[dizáinər]
survivor	名 生き残った人、生存者	[sərváivər]

〈o〉

強い母音	[óu] … hope の o	○●○

proposal	名 提案、申し入れ、結婚の申し込み	[prəpóuzl]
component	名 構成要素、部品、成分	[kəmpóunənt]

emotion	名 感情、感動	[imóuʃən]
October*	名 10 月	[ɑktóubər]
moreover	副 そのうえ、さらに	[mɔːróuvər]
explosion	名 爆発　▶ si = [ʒ]	[iksplóuʒən]

〈ee, e, i, ea〉

強い母音	[íː] … feel の ee	○●○

agreement	名 同意、意見の一致、協定	[əgríːmənt]
Korea*	名 朝鮮、韓国	[kəríːə]

Korean[*]	形 朝鮮の、韓国の　名 朝鮮人、韓国人	[kəríːən]
extremely	副 きわめて、極端に	[ikstríːmli]

□□□

illegal	形 違法の、非合法の	[ilíːgəl]
completely	副 完全に	[kəmplíːtli]
policeman	名 警官　▷policewoman 女性警官	[pəlíːsmən]

単語ノート policeman や policewoman は性別を表すため、police officer が使われるようになってきています。なお、警官に呼びかけるときは、ただの officer を使うのがふつうです。

□□□

idea[*]	名 考え、意見、思いつき、見当	[aidíːə]
ideal	形 理想的な　名 理想のもの、理想	[aidíːəl]

□□□

convenient[*]	形 便利な、都合のよい　▶ni = [nj]	[kənvíːnjənt]
convenience[*]	名 便利　▶ni = [nj]	[kənvíːnjəns]

単語ノート 「コンビニ」と縮めていうのがふつうになっている「コンビニエンスストア」は、英語でも convenience store です。なお、コンビニエンスストアの発祥はアメリカ合衆国です。

□□□

museum[*]	名 博物館、美術館	[mjuːzíːəm]
New Zealand[*]	名 ニュージーランド	[nùːzíːlənd]

□□□

procedure	名 手続き、手順	[prəsíːdʒər]
uneasy	形 不安な、落ち着かない、不安定な	[ʌníːzi]

STEP
3

267

強い母音	[júː] … cute の u	

☐☐☐

amusement[*]	名 楽しみ　▷amusement park 遊園地	[əmjúːzmənt]
peculiar	形 妙な、変な、独特の　▶li = [lj]	[pikjúːljər]
computer[*]	名 コンピュータ	[kəmpjúːtər]
confusion	名 混乱、混同、まごつき	[kənfjúːʒən]

強い母音	[úː] … rule の u	○●○

☐☐☐

solution	名 解決法、解決、解答、溶解	[səlúːʃən]
pollution[*]	名 汚染、（汚染による）公害	[pəlúːʃən]

☐☐☐

illusion	名 幻想、思い込み、幻覚	[ilúːʒən]
conclusion	名 結論、結末	[kənklúːʒən]

☐☐☐

renewal	名 更新、リニューアル、再生、復活	[rinúːəl]
renewable	形 再生可能な、更新できる	[rinúːəbl]

☐☐☐

producer	名 制作者、プロデューサー、生産者	[prədúːsər]
consumer	名 消費者	[kənsúːmər]
including[*]	前 ～を含めて	[inklúːdiŋ]

母音 ②

○●○ : [júː]〜[ǽ]

| 強い母音 | [ǽ] … bat の a | ○●○ |

⟨a⟩

□□□

| organic* | 形 有機栽培の、有機体の、有機的な | [ɔːrgǽnik] |
| mechanic | 名 機械工、修理工 | [mikǽnik] |

□□□

| Atlantic | 形 大西洋の　名 (the 〜 で) 大西洋 | [ətlǽntik] |
| romantic | 形 恋愛の、空想的な、ロマンチックな | [roumǽntik] |

□□□

| reaction | 名 反応、反発 | [riǽkʃən] |
| attraction | 名 魅力、引きつけるもの、呼び物 | [ətrǽkʃən] |

□□□

Italian*	形 イタリアの　名 イタリア人〔語〕	[itǽljən]
establish	動 設立する、創立する、確立する	[istǽbliʃ]
fantastic	形 とてもすばらしい、とてつもない	[fæntǽstik]
outstanding	形 傑出した、目立つ	[àutstǽndiŋ]

単語ノート outstanding は、stand out が元となっている形容詞です。stand out は「目立つ、きわだつ」という意味です。

□□□

apparent	形 明らかな、外見上の	[əpǽrənt]
expansion	名 膨張、拡張、拡大	[ikspǽnʃən]
companion	名 仲間、友だち、連れ　▶ni = [nj]	[kəmpǽnjən]

STEP 3

269

□□□

exactly*	副 正確に、まさにそのとおり	[igzǽktli]
examine	動 調べる、検査する、診察する	[igzǽmin]
disaster*	名 大災害、大惨事、災難	[dizǽstər]

□□□

piano*	名 ピアノ	[piǽnou]
pianist*	名 ピアノをひく人、ピアニスト	[piǽnist]

発音ノート pianist は前の母音にアクセントをおいて、[píːənist] と発音することもあります。

□□□

harassment	名 いやがらせ、悩ますこと	[hərǽsmənt]
attractive	形 魅力的な	[ətrǽktiv]

□□□

imagine*	動 想像する、思う	[imǽdʒin]
dramatic	形 劇の、劇的な	[drəmǽtik]

□□□

abandon	動 捨てる、見捨てる、やめる	[əbǽndən]
embarrass	動 きまり悪い思いをさせる、困惑させる	[imbǽrəs]

□□□

banana*	名 バナナ	[bənǽnə]
financial	形 財政上の、金融の、財界の	[fənǽnʃəl]

□□□

unhappy*	形 不幸な、悲しい、不運な	[ʌnhǽpi]
advantage*	名 有利な点、利点、強み	[ədvǽntidʒ]

〈i, y, ea〉

| 強い母音 | [í] … big の i | ○●○ |

□□□

ambition	图 野心、大きな望み	[æmbíʃən]
addition*	图 足すこと、足し算、追加物	[ədíʃən]
tradition*	图 伝統、しきたり、伝説、言い伝え	[trədíʃən]
condition*	图 状態、条件、(conditions で)状況	[kəndíʃən]
position*	图 位置、立場、地位、職、姿勢	[pəzíʃən]
admission	图 入場許可、入場、入会、入学、入場料	[ədmíʃən]
permission	图 許可、許し	[pərmíʃən]
suspicion	图 疑い、疑惑	[səspíʃən]

発音ノート 語尾の -tion, -ssion, -cion の 3 つのつづりは、どれも発音は [ʃən] です。ti と ssi と ci が [ʃ] の音を表しています。また、次の 2 語の -cian も発音記号はまったく同じで、[ʃən] です。

□□□

| **magician** | 图 奇術師、手品師、魔術師 | [mədʒíʃən] |
| **musician*** | 图 音楽家、ミュージシャン | [mjuːzíʃən] |

□□□

decision*	图 決定、決心、決断力	[disíʒən]
division	图 分割、分配、部門、割り算	[divíʒən]
provision	图 供給、用意、備え、蓄え	[prəvíʒən]

□□□

| **efficient** | 形 有能な、効率のよい | [ifíʃənt] |
| **sufficient** | 形 十分な | [səfíʃənt] |

STEP 3

271

□□□		
initial	名 頭文字　形 最初の	[iníʃəl]
official＊	形 公の、公式の　名 公務員、役人	[əfíʃəl]

□□□		
ambitious	形 野心的な、大望のある	[æmbíʃəs]
delicious＊	形 とてもおいしい	[dilíʃəs]

□□□		
contribute	動 寄付する、寄稿する、貢献する	[kəntríbjuːt]
distribute	動 分配する、配る、配布する	[distríbjuːt]

□□□		
Pacific＊	形 太平洋の　名 (the 〜 で) 太平洋	[pəsífik]
specific	形 特定の、明確な、特有の	[spisífik]

単語ノート 「太平洋」のことは the Pacific Ocean、あるいは、単に the Pacific といいます。「大西洋」は the Atlantic (Ocean) です。

□□□		
description	名 叙述、描写、記述	[diskrípʃən]
subscription	名 定期購読、予約購読	[səbskrípʃən]

単語ノート subscription には「(サービスの) 定額制」の意味もあります。 カタカナ言葉の「サブスク」は、ここから来ています。

□□□		
artistic	形 芸術的な、芸術の	[ɑːrtístik]
statistics	名 統計、統計の数字 (▷複数扱い)	[stətístiks]
continue＊	動 続ける、続く	[kəntínjuː]
distinction	名 区別、違い、特徴、優秀さ、著名	[distíŋkʃən]
distinguish	動 区別する、見分ける　▶gu = [gw]	[distíŋgwiʃ]

272

□□□

deliver[*]	動 配達する　▷delivery 配達	[dilívər]
religion	名 宗教、信仰	[rilídʒən]
religious	形 宗教の、宗教上の、信心深い	[rilídʒəs]
Olympic[*]	形 オリンピック競技の	[əlímpik]

単語ノート　「国際オリンピック大会」のことは the Olympics あるいは the Olympic Games といいます。

□□□

assistant	名 助手　形 補助の	[əsístənt]
consider	動 よく考える、考慮する、思う、みなす	[kənsídər]
persimmon	名 柿、柿の木	[pərsímən]

□□□

opinion[*]	名 意見、考え、評価	[əpínjən]
appearance	名 現れること、外見	[əpírəns]

発音ノート　appear（現れる）の発音記号は [əpíər] で、名詞の appearance は [əpírəns] です。[ər] が [r] になっていますが、[ər]（これは 2 つの音ではなく 1 つの音です）と [r] は音質的には同じです（⇒p.124）。後者は子音の働きをします。

□□□

familiar	形 なじみ深い、よく知っている	[fəmíljər]
committee	名 委員会	[kəmíti]

□□□

beginner	名 初心者、初学者	[bigínər]
beginning[*]	名 初め、最初、始まり	[bigíniŋ]

□□□

exhibit	動 展示する、見せる　▶h は無音	[igzíbit]
equipment	名 設備、備品、用具、装備	[ikwípmənt]

STEP
3

273

強い母音	[á] … job の o	

atomic	形 原子の、原子力の	[ətámik]
astonish	動 ひどく驚かす、びっくりさせる	[əstániʃ]

単語ノート 「原子力の」の意味では、現在は atomic よりも nuclear のほうがよく使われます (⇒ p.185)。

deposit	名 手付金、保証金、預金　動 預金する	[dipázit]
impossible*	形 不可能な、ありえない	[impásəbl]
responsible*	形 責任がある、責任の重い、信頼できる	[rispánsəbl]

tomorrow*	名 あす、あした、未来　副 あすは	[təmárou]
accomplish	動 成し遂げる、完成させる	[əkámpliʃ]
acknowledge	動 (事実や存在を) 認める、あいさつする	[əknálidʒ]

強い母音	[é] … bed の e	

election	名 選挙	[ilékʃən]
selection	名 選ぶこと、選択、選ばれたもの	[səlékʃən]
reflection	名 反射、反映、映像、反省、熟考	[riflékʃən]
collection*	名 集めること、収集物、コレクション	[kəlékʃən]
connection	名 つながり、関係、連絡、連結、接続	[kənékʃən]
affection	名 愛情、好意	[əfékʃən]

infection	名 伝染、感染、伝染病	[infékʃən]
perfection	名 完全、完ぺき、完成	[pərfékʃən]
objection	名 反対、異議、反対理由	[əbdʒékʃən]
injection	名 注射	[indʒékʃən]
direction*	名 方向、指導、監督、（複数形で）指示	[dərékʃən]
protection	名 守ること、保護、保護するもの	[prətékʃən]

□□□

intention	名 意図、意志、意向	[inténʃən]
attention*	名 注意、注目	[əténʃən]
invention*	名 発明、発明品	[invénʃən]
convention	名 しきたり、因習、大会、代表者会議	[kənvénʃən]
extension	名 延長、拡張、（電話の）内線	[iksténʃən]

□□□

profession	名 職業、専門職	[prəféʃən]
depression	名 憂うつ、うつ病、不景気、不況	[dipréʃən]
impression	名 印象、感銘、（ばく然とした）感じ	[impréʃən]
expression*	名 表現、表情、言いまわし	[ikspréʃən]
possession	名 所有、所有物、財産	[pəzéʃən]

□□□

reception	名 歓迎会、レセプション、歓迎、評価	[risépʃən]
exception	名 例外　▷exceptional 例外的な	[iksépʃən]
perception	名 知覚、認識	[pərsépʃən]

□□□

digestion	名 消化、消化力　▷indigestion 消化不良	[daidʒéstʃən]
suggestion	名 提案、提言、示唆	[sədʒéstʃən]

STEP
3

語尾の -stion は [stʃən] (スチョン) と発音します (⇒p.134)。 なお、suggestion は [g] の音を省かずに [səgdʒéstʃən] と発音することもあります。

☐☐☐

forever*	副 永久に、いつまでも	[fərévər]
howcver*	副 どんなに〜でも、しかしながら	[hauévər]
whoever	代 〜する人はだれでも	[huːévər]
whatever	代 〜するものは何でも	[(h)wɑtévər]
whenever	接 〜するときはいつでも	[(h)wenévər]
wherever	接 〜する所はどこでも	[(h)werévər]

☐☐☐

effective*	形 効果的な ▷effectively 効果的に	[iféktiv]
objective	形 客観的な 名 目標、目的	[əbdʒéktiv]
detective	名 探偵、刑事	[ditéktiv]
perspective	名 (物事の)見方、観点、展望、遠近法	[pərspéktiv]

☐☐☐

December*	名 12月	[disémbər]
remember*	動 思い出す、おぼえている	[rimémbər]
November*	名 11月	[nouvémbər]
September*	名 9月	[septémbər]

☐☐☐

excessive	形 過度の、度を越した	[iksésiv]
aggressive	形 攻撃的な、侵略的な、積極的な	[əgrésiv]
impressive	形 印象的な、感銘を与える	[imprésiv]

☐☐☐

| dependent | 形 頼っている、〜次第である | [dipéndənt] |

276

attendant	名 接客係、付き添い人　形 お供の	[əténdənt]
descendant	名 子孫	[diséndənt]

単語ノート ①語尾の -dent と -dant がまぎらわしいので注意しましょう。 ②旅客機の「客室乗務員」のことを flight attendant といいます。

□□□

essential	形 不可欠の、本質的な	[isénʃəl]
potential	形 可能性のある、潜在的な　名 可能性	[pəténʃəl]

□□□

directly	副 直接に、まっすぐに、ただちに	[dəréktli]
director	名 監督、演出家、重役、管理者	[dəréktər]
umbrella*	名 傘、雨傘	[ʌmbrélə]
incredible	形 信じられない、驚くほどの	[inkrédəbl]
expressway	名 高速道路	[ikspréswèi]
already*	副 すでに、もう	[ɔːlrédi]

□□□

develop*	動 発達させる、開発する、発達する	[divéləp]
adventure*	名 冒険	[ədvéntʃər]
inventor	名 発明家	[invéntər]
investment	名 投資、出資	[invéstmənt]

□□□

acceptable	形 容認できる、無難な、まずまずの	[əkséptəbl]
accessible	形 到達できる、利用できる、入手できる	[əksésəbl]
successful*	形 成功した　▷successfully 首尾よく	[səksésfəl]
percentage*	名 百分率、割合	[pərséntidʒ]

STEP 3

eleven*	名 11、11個　形 11の、11個の	[ilévn]
electric*	形 電気の、電気で動く	[iléktrik]
unpleasant	形 不愉快な、いやな、感じの悪い	[ʌnplézņt]

□□□

| domestic | 形 家庭の、家庭的な、国内の | [dəméstik] |
| tremendous | 形 巨大な、ものすごい、すばらしい | [triméndəs] |

単語ノート 「家庭内暴力 (おもに配偶者間暴力)」のことを domestic violence といいます。「ドメスティック・バイオレンス (DV)」は日本語にもなっています。

□□□

| together* | 副 一緒に | [təgéðər] |
| spaghetti | 名 スパゲッティ | [spəgéti] |

□□□

inherit	動 相続する、受け継ぐ	[inhérit]
expensive*	形 高価な、値段の高い	[ikspénsiv]
pandemic	形 世界的流行の　名 世界的流行病	[pændémik]
professor*	名 教授	[prəfésər]

⟨u, o⟩

| 強い母音 | [ʌ] … cup の u | ○●○ |

□□□

reduction	名 減少、削減、割引	[ridʌ́kʃən]
production	名 生産、生産物、(映画などの) 制作、作品	[prədʌ́kʃən]
destruction	名 破壊	[distrʌ́kʃən]
instruction	名 指導、(複数形で) 指示、使用説明書	[instrʌ́kʃən]
construction	名 建設、建造物、(建造物の) 構造	[kənstrʌ́kʃən]

○●○ ： [é]～[ú]

発音ノート instruction と construction は動詞の instruct と construct の名詞形ですが、destruction は destroy の名詞形で、reduction と production は reduce と produce の名詞形です。 つづりや母音の変化に注意しましょう。

☐☐☐

| conductor | 名 指揮者、案内人、添乗員、車掌 | [kəndʌ́ktər] |
| instructor | 名 指導者、教官 | [instrʌ́ktər] |

☐☐☐

| recover | 動 取り戻す、回復する ▷recovery 回復 | [rikʌ́vər] |
| discover* | 動 発見する、気づく ▷discovery 発見 | [diskʌ́vər] |

☐☐☐

| accustom | 動 慣れさせる（▷しばしば受け身で使う） | [əkʌ́stəm] |
| discussion* | 名 話し合い、討論、議論 | [diskʌ́ʃən] |

☐☐☐

| republic | 名 共和国（▷元首が選挙で選ばれる国） | [ripʌ́blik] |
| another* | 形 もう1つの、別の　代 もう1つ | [ənʌ́ðər] |

STEP 3

⟨u⟩

強い母音　[ú] … push の u　　　　○●○

☐☐☐

| insurance | 名 保険、保険金、保険料 | [inʃúrəns] |

279

母音 ③

〈o〉

強い母音	[ɔ́ː] … call の a	○●○

☐☐☐

historic	形 歴史的に重要な、歴史に残る	[histɔ́ːrik]

〈a〉

強い母音	[ɑ́ː] … palm の a	○●○

☐☐☐

pajamas	名 パジャマ（▷複数扱い）	[pədʒɑ́ːməz]

〈ou〉

強い母音	[áu] … house の ou	○●○

☐☐☐

encounter	動 (偶然)出会う　名 (偶然の)出会い	[inkáuntər]
announcement	名 発表、公表、アナウンス	[ənáunsmənt]

〈oi, oy〉

強い母音	[ɔ́i] … coin の oi	○●○

☐☐☐

appointment	名 (会う)約束、予約、任命	[əpɔ́intmənt]
employee	名 従業員、雇われている人	[implɔ́iiː]
employer	名 雇い主、使用者	[implɔ́iər]
employment	名 雇用、雇うこと、雇われること、職	[implɔ́imənt]

280

○●○ : [ɔ́ː]～[ɑ́ːr]

〈our, er〉

| 強い母音 | [ə́ːr] … bird の ir | ○●○ |

□□□

| encourage* | 動 勇気づける、はげます | [inkə́ːridʒ] |
| discourage | 動 落胆させる、やめさせる | [diskə́ːridʒ] |

単語ノート encourage の en- には「～にする」「～の中に入れる」などの意味があります。ほかに、enlarge [inlɑ́ːrdʒ]（大きくする）、enrich [inrítʃ]（豊かにする）、endanger [indéindʒər]（危険にさらす）などがあります。

□□□

determine	動 決定する、確定する、決心する	[ditə́ːrmən]
interpret	動 解釈する、通訳する	[intə́ːrprət]
commercial	形 商業の、営利的な 名 コマーシャル	[kəmə́ːrʃəl]

STEP 3

〈ar〉

| 強い母音 | [ɑ́ːr] … park の ar | ○●○ |

□□□

apartment*	名 アパート（▷1 世帯の住む部分）	[əpɑ́ːrtmənt]
department*	名（役所・会社などの）部門、部、学部	[dipɑ́ːrtmənt]
compartment	名 仕切り客車、（容器などの）仕切り部分	[kəmpɑ́ːrtmənt]

単語ノート 建物全体としての「アパート、マンション」のことは、ふつう apartment building[house] といいます。また、百貨店を意味する「デパート」のことは、department store といいます。

□□□

| departure | 名 出発、出発便 | [dipɑ́ːrtʃər] |
| Antarctic | 形 南極の 名（the ～ で）南極 | [æntɑ́ːrktik] |

| remarkable | 形 注目すべき、目立った | [rimá:rkəbl] |

⟨or⟩

| 強い母音 | [ɔ́:r] … fork の or | ○●○ |

| reporter* | 名 報道記者、通信員、報告者 | [ripɔ́:rtər] |
| supporter | 名 支持者、支援者、サポーター | [səpɔ́:rtər] |

important*	形 重要な、大切な	[impɔ́:rtənt]
importance*	名 重要性、大切さ	[impɔ́:rtəns]
proportion	名 割合、比率、調和、つり合い	[prəpɔ́:rʃən]

enormous	形 巨大な、ばく大な	[inɔ́:rməs]
according	副 (according to 〜で) 〜によれば	[əkɔ́:rdiŋ]
performance*	名 演奏、演技、上演、実績、性能	[pərfɔ́:rməns]

⟨ere⟩

| 強い母音 | [íər] … hear の ear | ○●○ |

| sincerely* | 副 心から、本当に | [sinsíərli] |

⟨ire⟩

| 強い母音 | [áiər] … fire の ire | ○●○ |

| entirely | 副 まったく、すっかり | [intáiərli] |

後ろの母音を
強く発音する語
[○ ○ ●]

母音が3つの語では、後ろの母音に第1アクセントのあるものは数があまり多くありません。こうした語のほとんどは、最初の母音に第2アクセントがあります。

⟨ai⟩

| 強い母音 | [éi] … cake の a | ○○● |

□□□

| **entertain** | 動 楽しませる、もてなす | [èntərtéin] |

⟨i⟩

| 強い母音 | [ái] … rice の i | ○○● |

□□□

| **impolite** | 形 無作法な、失礼な ▷polite ていねいな | [ìmpəláit] |

⟨o⟩

| 強い母音 | [óu] … hope の o | ○○● |

□□□

| **undergo** | 動 (つらいことを) 体験をする、受ける | [ʌ̀ndərgóu] |

⟨ee, e, ea⟩

| 強い母音 | [íː] … feel の ee | ○○● |

□□□

referee	名 レフェリー、審判員	[rèfəríː]
disagree＊	動 意見が合わない、一致しない	[dìsəgríː]
guarantee	動 保証する 名 保証、保証書	[gæ̀rəntíː]

□□□

| **Japanese**＊ | 形 日本 (人) の 名 日本人、日本語 | [dʒæ̀pəníːz] |

○○● : [éi]〜[úː]

| **overseas** | 副 海外へ、海外で　形 海外の | [òuvərsíːz] |

発音ノート overseas を形容詞として使う場合、第1アクセントと第2アクセントの位置が逆になって、[óuvəsìːz] と発音することもあります。

☐☐☐

| **Halloween** | 名 ハロウィーン、万聖節の前夜祭 | [hæləwíːn] |

〈u, oo〉

| 強い母音 | [úː] … rule の u | ○○● |

☐☐☐

introduce＊	動 紹介する、導入する、とり入れる	[ìntrədúːs]
kangaroo＊	名 カンガルー	[kæŋgərúː]
afternoon＊	名 午後	[æftərnúːn]

 カタカナ言葉について①

野球用語に「エンタイトル・ツーベースヒット」というのがあります。英語で書くと、entitled two-base hit（権利として与えられた二塁打）。いかにも英語らしい感じがしますが、実はこれは和製英語で、英語では ground rule double（野球場のルールによる二塁打）といいます。

entitle（権利を与える）は、日本人にとって、なじみのある単語ではありません。しかし、わざわざそれを使って和製英語をつくったわけです。わかりやすくはないですが、なかなか雰囲気が出ている表現です。

和製英語は、まぎらわしくて困ることもありますが、それ自体はいろいろ苦心し工夫されてつくられているのかもしれませんね。

STEP 3

母音 ②

〈a〉

| 強い母音 | [ǽ] … bat の a | ○○● |

☐☐☐

| secondhand | 形 中古の、間接の | [sékəndhǽnd] |
| understand* | 動 理解する、わかる | [ʌ̀ndərstǽnd] |

発音ノート secondhand は最初の母音にも第 1 アクセントがあります。 なお、中古品のことを「セコハン」というのは、この語から来ています。

〈i〉

| 強い母音 | [í] … big の i | ○○● |

☐☐☐

| violin* | 名 バイオリン | [vàiəlín] |

〈e〉

| 強い母音 | [é] … bed の e | ○○● |

☐☐☐

| recommend | 動 推薦する、すすめる | [rèkəménd] |
| represent | 動 代表する、表す、象徴する、描く | [rèprizént] |

〈u, o〉

| 強い母音 | [ʌ́] … cup の u | ○○● |

☐☐☐

| interrupt | 動 じゃまをする、さえぎる、中断する | [ìntərʌ́pt] |

| **overcome** | 動 打ち勝つ、克服する、打ちのめす | [òuvərkʌ́m] |

〈oo〉

| 強い母音 | [ú] … push の u | ○○● |

□□□

| **overlook** | 動 見おろす、見落とす、大目に見る | [òuvərlúk] |

カタカナ言葉について②

英語が日本語を採り入れるときは、judo や sushi にしても、karaoke にしても、単語としてそのまま採り入れます。しかし、日本語が英語を採り入れるときは、しばしば、英語の意味やイメージを利用しつつ、新しい言葉を作ってしまいます。

「ノートパソコン」（laptop あるいは laptop computer）も、「シャープペンシル」（mechanical pencil）も、そのようにして作られた言葉です。つまり、日本語化（＝和製英語化）してしまうのです。これは、ある意味ではとても高度なことをしているともいえますし、外国の文化を採り入れるときの日本の伝統的なやり方なのかもしれません。

ですから、和製英語自体は否定すべきものではありませんし、むしろ興味深いものかもしれません。しかし、英語を学習する上では、しばしば混乱を招くので、カタカナ言葉（＝和製英語の可能性がある！）とは、注意しながら、うまく付き合っていく必要がありますね。

STEP
3

母音 ③

〈a〉

| 強い母音 | [ɔ́:] … call の a | ○○● |

☐☐☐

| **overall** | 形 全体の、総合の　副 全体として | [òuvərɔ́:l] |

発音ノート overall は名詞として使うこともあります。複数形の overalls で「胸当てのついた作業用ズボン」の意味を表します。ただし、この場合は第1アクセントが前にきます（発音は [óuvərɔ̀:lz]）。

〈oi〉

| 強い母音 | [ɔ́i] … coin の oi | ○○● |

☐☐☐

| **disappoint*** | 動 失望させる、がっかりさせる | [dìsəpɔ́int] |

〈ore〉

| 強い母音 | [ɔ́:r] … fork の or | ○○● |

☐☐☐

| **anymore*** | 副 (否定文・疑問文で) これ以上、もはや | [ènimɔ́:r] |

〈ear, eer, ere, ir〉

| 強い母音 | [íər] … hear の ear | ○○● |

☐☐☐

| **disappear*** | 動 見えなくなる、消える | [dìsəpíər] |
| **pioneer** | 名 開拓者、先駆者、パイオニア | [pàiəníər] |

○○● : [ɔ́ː]〜[íə*r*]

engineer＊	图 技師　▷engineering 工学	[èndʒəníə*r*]
volunteer＊	图 志願者、ボランティア　動 志願する	[vὺləntíə*r*]
interfere	動 干渉する、じゃまをする	[ìntə*r*fíə*r*]
souvenir	图 記念の品、思い出となる品、みやげ	[sùːvəníə*r*]

発音ノート souvenir では、例外的に ir というつづりが [íə*r*] の音を表しています。なお、この語は、前の ou に第1アクセントをおいて発音することもあります (発音記号は [súːvənìə*r*])。

 カタカナ言葉について③

本書を読んでいると、実にたくさんの英単語が、カタカナ言葉となって日本語の中に入り込んでいることに気づくと思います。英語の意味そのままのものもあれば、英語の意味を元にしつつも、日本独自の意味に変化しているもの (＝和製英語) もあります。

そうしたカタカナ言葉は、英語学習の観点からは、発音の点で問題があるのは当然ですが、意味的にも和製英語なのかどうかの見きわめが難しく、扱いが難しいです。しかし、これだけたくさんの英語が日本語に入り込んでいるのですから、うまく活用すれば、英語学習の「資源」にもなるはずです。

本書は、発音から英単語にアプローチ (カタカナ言葉!) しているので、その資源の利用にも少しは役立つかもしれませんね。

STEP **3**

Coffee Break

第8回　子音を楽しもう！

今回は、[t] の音を出発点にして、いくつかの子音をつないでみましょう。
それを通じて、子音がどういうものか、少し見えてくるかもしれません。

[t] の音は、舌の先を上の歯ぐきにつけて、息の通り道を完全に閉ざしたあと、
せき止められた息を、破裂させるようにして出す音です。
そのとき、息だけでなく、声もいっしょに出すと、[d] の音になります。
ですから、town (町) と down (下へ) を発音するとき、
口の動きはまったく同じで、違いは「声帯」を使うか使わないかです。

次に、down と同じ口の動きのまま、ただし、口から息を破裂させずに、
鼻から声を出してみましょう。noun (名詞) になりませんでしたか。
口の動きという点では、[t] と [d] と [n] は近い音なのです。そういえば、
鼻が詰まると、「ナ行」の音が「ダ行」に近くなったりしますね。

次に、まず tank (タンク) と発音してみてください。そのあとで、
舌の先を [t] の位置から少し移動させ、上下の歯の間におき、そのすき間から、
息を押し出しながら、tank と (いうつもりで) 発音してみてください。
thank (感謝する) になりませんでしたか。

次に、まず date (日付) と発音してみてください。そのあとで、
舌の "先端だけ" を上の歯ぐきにつけ、舌の両側から息を出すようにして、
date と (いうつもりで) 発音してみてください。
late (遅い) になりませんでしたか。

このように、舌のちょっとした移動などで、子音はいろいろに変化します。
このことは、私たちにとって、やっかいといえばやっかいですが、
こうした英語の多様な音を、楽しんでみるのもいいかもしれませんね。

STEP 4

母音が4つ以上の単語

277語

母音が4つ以上あるため、つづりの長い単語
が多くなります。長くても、発音のしかたは
STEP3と同じです。強弱のリズムをしっか
りとつけて読むようにしましょう。

1

最初の母音を強く発音する語 [●○○○○…]

母音 ①

〈a〉

強い母音	[éi] … cake の a	●○○○○…

□□□

| **basically** | 副 基本的には、根本において | [béisikəli] |
| **stationery** | 名 文房具、筆記用具 | [stéiʃənèri] |

〈o〉

強い母音	[óu] … hope の o	●○○○○…

□□□

| **roller coaster** | 名 ジェットコースター | [róulər kòustər] |

単語ノート 「ジェットコースター」というのは和製英語です。roller には「(地ならしなどで用いる) ローラー、足車、キャスター」などの意味があります。また、coaster には「(坂をすべり降りる) そりやワゴン」の意味があります。なお、coaster には、コップなどの下に敷く「コースター」の意味もあります。

〈e〉

強い母音	[íː] … feel の ee	●○○○○…

□□□

| **ecosystem** | 名 生態系 | [íːkousìstəm] |

●○○○… : [éi]～[ǽ]

<table>
<tr><td colspan="3">⟨u⟩</td></tr>
<tr><td>強い母音</td><td>[júː] … cute の u</td><td>●○○○…</td></tr>
</table>

□□□

| **usually*** | 副 ふつうは、いつもは、たいてい | [júːʒuəli] |

<table>
<tr><td colspan="3">⟨u⟩</td></tr>
<tr><td>強い母音</td><td>[úː] … rule の u</td><td>●○○○…</td></tr>
</table>

□□□

| **supermarket*** | 名 スーパーマーケット | [súːpərmàːrkit] |

母音 ②

<table>
<tr><td colspan="3">⟨a⟩</td></tr>
<tr><td>強い母音</td><td>[ǽ] … bat の a</td><td>●○○○…</td></tr>
</table>

□□□

actually*	副 実際に、本当は、実は	[ǽktʃuəli]
absolutely	副 絶対に、完全に、まったくそのとおり	[ǽbsəlùːtli]
agriculture	名 農業　▷agricultural 農業の	[ǽɡrikλltʃər]

□□□

| **gradually** | 副 だんだんと、徐々に | [ɡrǽdʒuəli] |
| **practically** | 副 事実上、ほとんど、実際的な観点から | [prǽktikəli] |

□□□

| **January*** | 名 1月 | [dʒǽnjuèri] |

STEP 4

category	名 範疇、種類、部門、カテゴリー	[kǽtəgɔ̀:ri]
naturally	副 自然に、当然、もちろん	[nǽtʃərəli]
laboratory	名 実験室、研究室、ラボ	[lǽbrətɔ̀:ri]

⟨i, e, u⟩

| 強い母音 | [í] … big の i | ●○○○… |

□□□

interested＊	形 興味をもっている	[íntrəstid]
interesting＊	形 興味深い、おもしろい	[íntrəstiŋ]
illustrator	名 イラストレーター	[íləstrèitər]

□□□

literacy	名 読み書きの能力、リテラシー	[lítərəsi]
literary	形 文学の、文語の	[lítərèri]
literally	副 文字どおりに、本当に	[lítərəli]
literature	名 文学	[lítərətʃər]

単語ノート リテラシー（literacy）とは、特定の分野に関する知識やそれを活用する技能のことで、「コンピュータ・リテラシー（computer literacy）」や「メディア・リテラシー（media literacy）」などは日本語にもなっています。

□□□

| **dictionary**＊ | 名 辞書 | [díkʃənèri] |
| **difficulty**＊ | 名 難しさ、困難、難しい問題、苦境 | [dífikəlti] |

□□□

military	形 軍隊の、軍人の、陸軍の	[mílətèri]
kindergarten＊	名 幼稚園	[kíndərgà:rtn]
spiritual	形 精神的な、霊的な	[spíritʃuəl]

seriously	副 重大に、ひどく、まじめに	[síriəsli]
businessman	名 実業家、会社員	[bíznəsmæn]

単語ノート 「保育園」のことは nursery school といいます。5 歳以下の幼児を預かります。nursery の発音は [nə́ːrsəri] です。

〈o〉

強い母音	[á] … job の o	●○○○…

□□□

obviously	副 明らかに、はっきりと	[ábviəsli]
voluntary	形 自発的な、自由意思による	[vάləntèri]
complicated	形 複雑な、込み入った	[kάmpləkèitid]

〈e, a〉

強い母音	[é] … bed の e	●○○○…

□□□

elevator*	名 エレベーター	[éləvèitər]
escalator	名 エスカレーター	[éskəlèitər]
everybody*	代 だれでも、みんな	[évribὰdi]
anybody*	代 だれか、だれでも	[énibὰdi]

□□□

ceremony*	名 式、儀式	[sérəmòuni]
secondary	形 2 番目の、二次的な、副次的な	[sékəndèri]
secretary	名 秘書、(Secretary で)(米国各省の) 長官	[sékrətèri]
centimeter	名 センチメートル	[séntəmìːtər]

STEP 4

temporary	形 一時的な、仮の	[témpərèri]
temperature*	名 温度、気温、体温	[témpərətʃər]
territory	名 領土、なわばり、(広大な)地域	[térətɔ̀ːri]
television*	名 テレビ放送、テレビ受像機	[téləvìʒən]

発音ノート television は、しばしばTV という略語で表されます。発音は [tíːvíː] です。

□□□

February*	名 2月	[fébruèri]
generally	副 一般に、広く、概して、たいてい	[dʒénərəli]
necessary*	形 必要な、なくてはならない	[nésəsèri]
helicopter	名 ヘリコプター	[héləkὰptər]
relatively	副 比較的、どちらかといえば	[rélətivli]

発音ノート February は、しばしば r の音が落ちて、[fébjuèri] と発音されます。このほうが発音しやすいかもしれません。

母音 ③

〈a〉

強い母音	[ɔ́ː] … call の a	●○○○○…

□□□

watermelon	名 スイカ	[wɔ́ːtərmèlən]

〈ir〉

強い母音	[ə́ːr] … bird の ir	●○○○…

□□□

virtually	副 事実上は、実質的には、ほとんど	[və́ːrtʃuəli]

〈ar〉

強い母音	[ɑ́ːr] … park の ar	●○○○…

□□□

architecture	名 建築、建築学、建築様式	[ɑ́ːrkətèktʃər]

〈or〉

強い母音	[ɔ́ːr] … fork の or	●○○○…

□□□

ordinary*	形 ふつうの、平凡な	[ɔ́ːrdənèri]
fortunately	副 幸運にも	[fɔ́ːrtʃənətli]

STEP
4

297

2番目の母音を
強く発音する語 [○●○○…]

母音 ①

〈a〉

強い母音	[éi] … cake の a	○●○○…

□□□

occasionally	副 ときどき	[əkéiʒənəli]
Canadian*	形 カナダ(人)の　名 カナダ人	[kənéidiən]
relationship*	名 関係、関連、結びつき	[riléiʃənʃìp]

〈i〉

強い母音	[ái] … rice の i	○●○○…

□□□

society*	名 社会、世間、協会、会、交際	[səsáiəti]
variety	名 変化に富むこと、多様性、種類	[vəráiəti]
anxiety	名 (将来に対する)心配、不安	[æŋzáiəti]

発音ノート anxious の anxi の発音は [ǽŋkʃ] ですが (⇒p.189)、anxiety の anxi の発音は [æŋzái] です。 アクセントが移動したために、同じつづりがかなり違う音を表しています。 変則的なので、このままおぼえてしまいましょう。

□□□

environment*	名 環境、周囲、自然環境	[inváirənmənt]

○●○○… : [éi]〜[íː]

〈o〉

| 強い母音 | [óu] … hope の o | ○●○○… |

□□□

| **negotiate** | 動 交渉する ▷negotiation 交渉 | [nigóuʃièit] |
| **associate** | 動 連想する、関連させる、交際する | [əsóuʃièit] |

発音ノート associate の ci と negotiate の ti は、station (駅) の ti などとは違って、[ʃ] ではなく [ʃi] と発音します。c や t は i の影響を受けて [ʃ] の音に変化しますが、i は [i] の音を表します。このあと出てくる appreciate (真価を認める) の ci も同様です。なお、associate は [əsóusièit] とも発音します。

□□□

| **emotional** | 形 感情の、感情的な、感動的な | [imóuʃnəl] |
| **appropriate** | 形 適切な、ふさわしい | [əpróupriət] |

〈e, ea〉

| 強い母音 | [íː] … feel の ee | ○●○○… |

STEP 4

□□□

ingredient	名 材料、成分、要素	[ingríːdiənt]
appreciate	動 真価を認める、感謝する、鑑賞する	[əpríːʃièit]
increasingly	副 ますます	[inkríːsiŋli]

単語ノート 食品表示をするときの「原材料」は、英語では ingredients になります。

□□□

| **immediate** | 形 すぐさまの、即座の、直接の | [imíːdiət] |
| **immediately** | 副 すぐに、ただちに、直接に | [imíːdiətli] |

299

〈u〉

強い母音	[júː] … cute の u	○●○○…

☐☐☐

community*	名 共同体、地域社会（の人々）	[kəmjúːnəti]
communicate*	動 連絡をとる、（意思などを）伝える	[kəmjúːnəkèit]

☐☐☐

unusual	形 ふつうでない、めずらしい	[ʌnjúːʒuəl]

〈u〉

強い母音	[úː] … rule の u	○●○○…

☐☐☐

illuminate	動 照らす、照明する	[ilúːmənèit]
enthusiasm	名 熱狂、熱中	[inθúːziæzm]

母音 ②

〈a〉

強い母音	[ǽ] … bat の a	○●○○…

☐☐☐

vocabulary	名 語彙	[voukǽbjəlèri]
mechanical	形 機械の、機械で動く、機械的な	[mikǽnikəl]

単語ノート 「シャープペンシル」のことを mechanical pencil といいます。「シャープペンシル」は和製英語です。

□□□

| **capacity** | 名 収容能力、定員、能力 | [kəpǽsəti] |
| **apparently** | 副 見たところは〜らしい | [əpǽrəntli] |

□□□

| **imaginary** | 形 想像上の、架空の | [imǽdʒənèri] |
| **humanity** | 名 人類、人間性、人間らしさ | [hjuːmǽnəti] |

単語ノート imaginary と区別したい形容詞として imaginative があります。「想像力に富んだ」という意味で、発音は [imǽdʒənətiv] です。

□□□

reality	名 現実、事実、実在	[riǽləti]
analysis	名 分析	[ənǽləsis]
elaborate	形 手の込んだ、入念な、精巧な	[ilǽbərət]
ambassador	名 大使　▷embassy 大使館	[æmbǽsədər]
spectacular	形 壮観な、目を見張らせる	[spektǽkjələr]
congratulate	動 祝う、祝いの言葉を述べる	[kəngrǽtʃəlèit]

STEP 4

⟨i, e⟩

| **強い母音** | [í] … big の i | ○●○○… |

□□□

| **additional** | 形 追加の、余分な | [ədíʃnəl] |
| **traditional**＊ | 形 伝統の、伝統的な | [trədíʃnəl] |

単語ノート サッカー中継などで耳にする「ロスタイム」は和製英語で、英語ではふつう additional time（追加の時間）という言い方をします。日本でも、現在は「アディショナルタイム」を使うようになってきています。

□□□

| **anticipate** | 動 予期する、期待する、懸念する | [æntísəpèit] |

| participate | 動 参加する、加入する | [pɑːrtísəpèit] |

☐☐☐

| superior | 形 上級の、すぐれた　名 目上の人 | [supíriər] |
| interior | 名 内側、内部　形 内側の、内部の | [intíriər] |

単語ノート interior には「室内、インテリア」の意味もあります。「インテリアデザイナー」のことを interior designer といいます。

☐☐☐

activity*	名 活動、活気	[æktívəti]
particular	形 特定の、特にその、特別の	[pərtíkjələr]
particularly	副 特に、とりわけ	[pərtíkjələrli]
participant	名 参加者	[pɑːrtísəpənt]
material*	名 物質、材料、資料　形 物質の	[mətíriəl]
mysterious	形 神秘的な、不思議な、なぞめいた	[mistíriəs]

☐☐☐

eliminate	動 削除する、除去する	[ilímənèit]
delivery	名 配達、配達品	[dilívəri]
political*	形 政治の、政治上の	[pəlítikəl]

☐☐☐

original*	形 最初の、元の、独創的な　名 原本	[ərídʒənl]
originally*	副 本来は、元来は、独創的に	[ərídʒənəli]
refrigerator	名 冷蔵庫（▷fridge ともいう）	[rifrídʒərèitər]

単語ノート refrigerator の短縮形は、すでに見た fridge ですが、ge の前に d が入って、語末が -dge になることに注意しましょう。

☐☐☐

| magnificent | 形 壮大な、堂々とした、すばらしい | [mæɡnífəsənt] |

| **significant** | 形 重要な、意義のある、かなりの | [signífikənt] |
| **significance** | 名 重要性、重大さ、意義 | [signífikəns] |

□□□

| **facility** | 名 (facilities で) 施設、設備 | [fəsíləti] |
| **considerable** | 形 かなりの、相当の | [kənsídərəbl] |

単語ノート facility は、上記の意味ではふつう複数形で使いますが、単数形で、「能力、才能」の意味もあります。

□□□

ability*	名 能力、才能	[əbíləti]
ridiculous	形 ばかげた、ばかばかしい	[ridíkjələs]
experience*	名 経験、体験　動 経験する、体験する	[ikspíriəns]

〈o, a〉

| 強い母音 | [á] … job の o | ○●○○… |

STEP 4

□□□

biology	名 生物学	[baiálədʒi]
ecology	名 生態学、エコロジー、生態 (系)	[ikálədʒi]
psychology	名 心理学、心理　▶p は無音	[saikálədʒi]
technology*	名 科学技術、テクノロジー	[teknálədʒi]

□□□

| **geography** | 名 地理学、地理 | [dʒiágrəfi] |
| **photography** | 名 写真撮影、写真術 | [fətágrəfi] |

単語ノート geography の geo- には「地球の、土地の」といった意味があり、geology [dʒiálədʒi] は「地質学」を、geometry [dʒiámətri] は「幾何学 (測量から生まれた)」を意味します。「ジオパーク」の「ジオ」もこれです。

democracy	名 民主主義、民主主義国	[dimάkrəsi]
harmonica	名 ハーモニカ	[hɑːrmάnikə]
thermometer	名 温度計、体温計	[θərmάmətər]

| kilometer* | 名 キロメートル（▷長さの単位） | [kilάmətər] |
| philosophy | 名 哲学、人生観　▷philosopher 哲学者 | [filάsəfi] |

economy	名 （国・社会などの）経済、節約	[ikάnəmi]
cooperate	動 （仕事などで）協力する	[kouάpərèit]
apologize	動 謝る、わびる　▷apology 謝罪	[əpάlədʒàiz]
phenomenon	名 現象、驚異的なもの〔人〕	[fənάmənὰn]
photographer*	名 写真を撮る人、写真家	[fətάgrəfər]
equality	名 平等	[ikwάləti]

発音ノート cooperate の oo は、cool（涼しい）の oo のような 1 つの母音（発音記号は [úː]）ではなく、2 つの母音（[ou] と [ά]）を表しています。

〈e, a〉

| 強い母音 | [é] … bed の e | ○●○○… |

eventually	副 結局は、最後には、いずれは	[ivéntʃuəli]
development*	名 発達、発展、開発	[divéləpmənt]
investigate	動 調査する、捜査する	[invéstəgèit]

| especially* | 副 特に、とりわけ | [ispéʃəli] |
| experiment1* | 名 実験 | [ikspérəmənt] |

experiment²	動 実験する、試してみる	[ikspérəmènt]

発音ノート experiment は、名詞か動詞かで、語尾の -ment の発音が少し違っていることに注意しましょう。

□□□

intelligent*	形 知能の高い、理解力のある	[intélədʒənt]
intelligence*	名 知能、理解力、機密情報、情報機関	[intélədʒəns]
contemporary	形 同時代の、現代の　名 同時代の人	[kəntémpərèri]

単語ノート contemporary から語頭の con-（共に）をとった temporary は「一時的な」という意味です（⇒p.296）。

□□□

identify	動 身元を確かめる、正体を突きとめる	[aidéntəfài]
identity	名 身元、正体、同一性、独自性	[aidéntəti]

□□□

America*	名 アメリカ（合衆国）、アメリカ大陸	[əmérikə]
American*	形 アメリカ（人）の　名 アメリカ人	[əmérikən]

□□□

STEP
4

executive	名 管理職、重役、役員　形 管理職の	[igzékjətiv]
inevitable	形 避けることができない、必ず起こる	[inévətəbl]
necessity	名 必要、必要性、必要品	[nəsésəti]
professional*	形 職業の、プロの、本職の　名 専門家	[prəféʃnəl]
aquarium*	名 水族館、（魚を飼う）水槽	[əkwériəm]

単語ノート aquarium の aqua- には「水」の意味があります。Aquarius [əkwériəs] は「水がめ座」の意味で、Aqua-Lung [áːkwəlλŋ] は「潜水用水中呼吸器」の商標名です。日本でも「アクアラング」として知られています。

強い母音	[Á] … cup の u	○●○○…

☐☐☐

accompany	動 一緒に行く、同行する、伴奏する	[əkámpəni]
uncomfortable	形 心地よくない、落ち着かない	[ʌnkámfərtəbl]
discovery*	名 発見	[diskávəri]

☐☐☐

| **industrial*** | 形 産業の、工業の | [indástriəl] |

強い母音	[ú] … push の u	○●○○…

☐☐☐

| **security** | 名 安全、安心、保証 | [sikjúrəti] |

母音 ③

強い母音	[ɔ́ː] … call の a	○●○○…

☐☐☐

| **majority** | 名 大多数、過半数、多数派 | [mədʒɔ́ːrəti] |
| **minority** | 名 少数、少数派、少数民族 | [mənɔ́ːrəti] |

☐☐☐

| **memorial** | 名 記念物、記念館、記念祭　形 記念の | [məmɔ́ːriəl] |

| **authority** | 名 権威、権限、権威者、当局 | [əθɔ́ːrəti] |
| **historical** | 形 歴史上の、史実に基づく | [histɔ́ːrikəl] |

単語ノート historic と historical の違いに注意しましょう。historic は「歴史的に重要な、歴史に残る」という意味です。

〈er〉

| 強い母音 | [ə́ːr] … bird の ir | ○●○○… |

□□□

emergency	名 非常の場合、緊急事態	[imə́ːrdʒənsi]
diversity	名 多様性（▷di は [dai] とも発音する）	[divə́ːrsəti]
alternative	形 代わりの　名 代わりの方法、選択肢	[ɔːltə́ːrnətiv]
conservative	形 保守的な、控えめな、地味な	[kənsə́ːrvətiv]

単語ノート 「非常□」のことを emergency exit あるいは emergency door などといいます。

〈or〉

| 強い母音 | [ɔ́ːr] … fork の or | ○●○○… |

STEP 4

□□□

| **unfortunately** | 副 不運にも　▷unfortunate 不運な | [ʌnfɔ́ːrtʃənətli] |
| **extraordinary** | 形 異常な、並はずれた | [ikstrɔ́ːrdənèri] |

発音ノート extraordinary は、ordinary（ふつうの）の前に extra-（〜の範囲外の）がついてできた語ですが、ふつう extra の a は発音しません。

3

3番目の母音を強く発音する語 [○○●○…]

母音 ①

〈a, ai〉

強い母音	[éi] … cake の a	○○●○…

☐☐☐

operation	图 手術、操作、運転、運営、作戦	[àpəréiʃən]
generation*	图 世代、同世代の人々、1世代	[dʒènəréiʃən]
declaration	图 宣言、発表、布告	[dèkləréiʃən]
preparation	图 準備、用意	[prèpəréiʃən]
inspiration	图 霊感、インスピレーション	[ìnspəréiʃən]
corporation	图 法人、株式会社	[kɔ̀ːɾpəréiʃən]
registration	图 登録、登記	[rèdʒistréiʃən]
illustration	图 (本などの)さし絵、イラスト、実例	[ìləstréiʃən]
concentration	图 精神の集中、集中力、集中	[kànsəntréiʃən]
demonstration	图 実演、実物宣伝、デモ、実証	[dèmənstréiʃən]

発音ノート 上の語には、すべて先頭の母音に第2アクセントがあります。3番目の母音を強く発音する語の場合は、ほとんどがこのようになります。

☐☐☐

imitation	图 まね、模倣、模造品	[ìmətéiʃən]
invitation	图 招待、招待状、案内状	[ìnvətéiʃən]
reputation	图 評判、名声	[rèpjətéiʃən]

expectation	图 予期、予想、期待	[èkspektéiʃən]
presentation*	图 提示、発表、プレゼン、贈呈、上演	[prìːzentéiʃən]
transportation	图 輸送、輸送機関、乗り物、運賃	[trænspərtéiʃən]

□□□

education*	图 教育　▷educational 教育の	[èdʒəkéiʃən]
application	图 申し込み、申込書、応用、アプリ	[æplikéiʃən]
publication	图 出版、発行、出版物	[pʌblikéiʃən]
animation*	图 アニメーション、動画	[ænəméiʃən]
information*	图 情報、知識、(駅などの)案内所	[ìnfərméiʃən]
explanation	图 説明、弁明	[èksplənéiʃən]
destination	图 目的地、行き先	[dèstənéiʃən]
observation	图 観察、観測、観察力	[àbzərvéiʃən]
reservation	图 (座席・部屋などの)予約、指定	[rèzərvéiʃən]

単語ノート animation はアニメーション一般を意味しますが、日本製のアニメを anime [ænəmei] ということもあります。 なお、cartoon [kɑːrtúːn] もアニメを意味することがありますが、通例、短編のアニメ映画やテレビアニメをさします。

STEP
4

□□□

situation*	图 状況、立場、位置	[sìtʃuéiʃən]
graduation	图 卒業、卒業式	[grædʒuéiʃən]
regulation	图 規則、規定、規制、調整	[règjəléiʃən]
simulation	图 まねること、見せかけ、模擬実験	[sìmjəléiʃən]
population*	图 人口、(ある地域の)住民	[pàpjəléiʃən]
circulation	图 (血液などの)循環、流通	[sə̀ːrkjəléiʃən]
occupation	图 職業、占領	[àkjəpéiʃən]
conversation*	图 会話	[kànvərséiʃən]

単語ノート 学校の「校則」のことを school regulations （あるいは school rules）といいます。

☐☐☐

| **entertainer** | 名（客を）楽しませる人、芸人 | [èntərtéinər] |
| **entertainment** | 名 娯楽、楽しみ、演芸、歓待 | [èntərtéinmənt] |

〈e, ie〉

| 強い母音 | [íː] … feel の ee | ○○●○… |

☐☐☐

| **European** | 形 ヨーロッパの　名 ヨーロッパ人 | [jùrəpíːən] |
| **unbelievable** | 形 信じられない、すごい、すばらしい | [ʌ̀nbilíːvəbl] |

単語ノート unbelievable と似た意味の語に incredible (⇒ p.277) があります。語頭に「否定」の意味を表す接頭辞 (un- と in-) がつき、語尾に「可能」を表す接尾辞 (-able と -ible) がついているところも似ていますね。

〈u〉

| 強い母音 | [júː] … cute の u | ○○●○… |

☐☐☐

| **contribution** | 名 寄付、貢献、寄稿 | [kàntrəbjúːʃən] |
| **distribution** | 名 配布、配給、分配、分布 | [dìstrəbjúːʃən] |

〈u〉

| 強い母音 | [úː] …rule の u | ○○●○… |

☐☐☐

| **evolution** | 名 進化、発展 | [èvəlúːʃən] |

revolution	名 革命、革命的な出来事	[rèvəlúːʃən]
institution	名 施設、公共機関、慣習、制度	[ìnstətúːʃən]
constitution	名 憲法、体格、体質、構造、構成	[kànstətúːʃən]

単語ノート これらの語は、すぐ前の contribution や distribution とも韻を踏んでいます。ちなみに、ザ・ビートルズの Revolution という曲の歌詞では、revolution と evolution、solution（解決法）と contribution、constitution と institution が韻を踏んでいます。

□□□

| **opportunity** | 名 機会、チャンス | [àpərtúːnəti] |

母音 ②

〈a〉

| 強い母音 | [ǽ] … bat の a | ○○●○… |

□□□

| **nationality** | 名 国籍 | [næ̀ʃənǽləti] |
| **personality** | 名 人格、個性、有名人 | [pə̀ːrsənǽləti] |

□□□

| **automatic** | 形 自動的な、自動の　名 自動拳銃 | [ɔ̀ːtəmǽtik] |
| **democratic** | 形 民主主義の、民主的な | [dèməkrǽtik] |

単語ノート automatic は、口語的な表現として「オートマ車（オートマチック車）」の意味でも使います。

| manufacture | 動 (大規模に)製造する　名 製造 | [mæ̀njəfǽktʃər] |
| satisfaction | 名 満足　▷satisfactory 満足のいく | [sæ̀tisfǽkʃən] |

□□□

popularity	名 人気、評判、流行	[pàpjəlǽrəti]
mathematics	名 数学（▷math はこれを略したもの）	[mæ̀θəmǽtiks]
disadvantage	名 不利なこと、不利な立場	[dìsədvǽntidʒ]
international*	形 国際的な、国家間の	[ìntərnǽʃnəl]

〈i, e〉

| 強い母音 | [í] … big の i | ○○●○… |

□□□

exhibition*	名 展示、展覧会、展示会　▶h は無音	[èksəbíʃən]
definition	名 定義	[dèfəníʃən]
opposition	名 反対、抵抗	[àpəzíʃən]
composition	名 構成、構図、配合、創作、作曲	[kàmpəzíʃən]
competition*	名 競争、試合、コンクール	[kàmpətíʃən]
politician	名 政治家、（軽蔑的に）政治屋	[pàlətíʃən]

発音ノート exhibit（展示する）の x の発音は [gz] です。これは x がアクセントのある母音の前だからです（⇒p.273）。名詞の exhibition ではアクセントの位置が b のあとに移動するため、x の発音は [ks] になります。

□□□

| scientific* | 形 科学の、科学的な | [sàiəntífik] |
| cafeteria* | 名 カフェテリア（▷セルフサービス式食堂） | [kæ̀fətíriə] |

□□□

| artificial* | 形 人工の、人造の、不自然な | [àːrtəfíʃəl] |

○○●○… : [ǽ]～[é]

individual	图 個人　形 個々の、個人の	[ìndəvídʒuəl]
possibility	图 可能性、見込み	[pàsəbíləti]
electricity*	图 電気	[ilèktrísəti]

発音ノート electricity だけは 2 番目の母音に第 2 アクセントがあります。 この
あと出てくる electronic も同様です。

〈o〉

| 強い母音 | [á] … job の o | ○○●○… |

□□□

| biological | 形 生物学の、生物学上の | [bàiəládʒikəl] |
| psychological | 形 心理的な、心理学上の　▶p は無音 | [sàikəládʒikəl] |

□□□

economic	形 経済の、経済上の、経済学の	[èkənámik]
economics	图 経済学（▷単数扱い）	[èkənámiks]
economical	形 節約的な、経済的な、（人が）節約する	[èkənámikəl]

□□□

| curiosity | 图 好奇心、めずらしいもの、骨董品 | [kjùriásəti] |
| electronic* | 形 電子工学の、電子の | [ilèktránik] |

単語ノート 「電子」は electron [iléktrɑn] といいます。 また、「電子工学」は
electronics [ilèktrániks] といいます。

〈e, a, ie〉

| 強い母音 | [é] …bed の e | ○○●○… |

□□□

| elementary* | 形 初歩の、初等の、基本的な | [èləméntəri] |

313

| **documentary** | 名 記録映画　形 文書の、記録の | [dὰkjəméntəri] |

> **単語ノート** 「小学校」のことを elementary school、あるいは grade school といいます。

□□□

unexpected	形 予期しない、思いがけない	[Ànikspéktid]
independent	形 独立した、自立した	[ìndipéndənt]
independence	名 独立、自立	[ìndipéndəns]

> **単語ノート** アメリカ合衆国の重要な祝日の1つである「独立記念日」(7月4日)のことを Independence Day といいます。

□□□

academic	形 学問的な、大学の	[æ̀kədémik]
altogether	副 まったく、完全に、全部で、合計で	[ɔ̀:ltəgéðər]
fundamental	形 根本的な、基本的な、必須の	[fʌ̀ndəméntl]
intellectual	形 知的な、知性の　名 知識人	[ìntəléktʃuəl]
overwhelming	形 圧倒的な、抗しがたい	[òuvər(h)wélmiŋ]
representative	名 代表者　形 代表する	[rèprizéntətiv]
necessarily	副 必ず、(否定文で)必ずしも(…ない)	[nèsəsérəli]
eco-friendly	形 環境にやさしい	[ì:koufréndli]

> **単語ノート** fundamental は、複数形の名詞 (fundamentals) として、「基本、根本原理」の意味で使うこともあります。

〈u〉

| **強い母音** | [ʌ] … cup の u | ○○●○… |

□□□

| **introduction** | 名 紹介、導入、(本などの)序文、入門 | [ìntrədʌ́kʃən] |

母音 ③

〈oi, oy〉

| 強い母音 | [ɔ́i] … coin の oi | ○○●○… |

☐☐☐

| disappointment | 名 失望、失望させるもの | [dìsəpɔ́intmənt] |
| unemployment | 名 失業、失業者数 | [ʌ̀nimplɔ́imənt] |

〈er〉

| 強い母音 | [ə́ːr] … bird の ir | ○○●○… |

☐☐☐

universal	形 全世界の、普遍的な、全員の	[jùːnəvə́ːrsl]
university*	名 大学、総合大学	[jùːnəvə́ːrsəti]
anniversary	名 (毎年の)記念日、記念祭	[æ̀nəvə́ːrsəri]

単語ノート 「結婚記念日」は wedding anniversary といいます。 ちなみに、『サラダ記念日』(俵万智・著) の英訳本のタイトルは、そのまま Salad Anniversary となっています。

STEP 4

4番目の母音を
強く発音する語 [○○○●…]

母音 ①

〈a〉

強い母音	[éi] … cake の a	○○○●…

□□□

association	名 協会、組合、連合、交際、連想	[əsòusiéiʃən]
pronunciation	名 発音（▷発音ノートの②を参照）	[prənʌ̀nsiéiʃən]
imagination＊	名 想像、想像力	[imæ̀dʒənéiʃən]
examination	名 試験、検査、診察	[igzæ̀mənéiʃən]
determination	名 決心、決定	[ditə̀ːrmənéiʃən]
discrimination	名 差別、区別	[diskrìmənéiʃən]
cooperation	名 協力、協同	[kouὰpəréiʃən]
consideration	名 よく考えること、考慮、配慮	[kənsìdəréiʃən]
administration	名 運営、管理、政府	[ədmìnəstréiʃən]
communication＊	名 意思疎通、（情報などの）伝達、通信	[kəmjùːnəkéiʃən]
investigation	名 調査、捜査	[invèstəgéiʃən]
congratulation	名 （複数形で）祝いの言葉、おめでとう	[kəngræ̀tʃəléiʃən]

発音ノート ①これらの語にはすべて、2番目の母音に第2アクセントがあります。こうした強弱のリズムにも注意して発音しましょう。②名詞の「発音」は pronunciation ですが、動詞の「発音する」は pronounce です。

□□□

civilization	图 文明　▷ civilize 文明化する	[sìvələzéiʃən]
organization＊	图 組織化、構成、組織、団体、協会	[ɔ̀ːrgənəzéiʃən]
recommendation	图 推薦、勧告、推薦状	[rèkəməndéiʃən]

発音ノート これらの 3 語には、1 番目の母音に第 2 アクセントがあります。2 番目と 3 番目の母音はどちらも [ə] です。

母音 ②

〈a〉

| 強い母音 | [ǽ] … bat の a | ○○○● … |

□□□

| **enthusiastic** | 形 熱狂的な | [inθùːziǽstik] |
| **misunderstand** | 動 誤解する | [mìsʌndərstǽnd] |

発音ノート misunderstand はふつう、最初の母音と 2 番目の母音の両方に第 2 アクセントをおいて発音します。

〈i〉

| 強い母音 | [í] … big の i | ○○○● … |

□□□

| **responsibility** | 图 責任、責務 | [rispὰnsəbíləti] |
| **characteristic** | 图 特徴、特色　形 特有の | [kæ̀rəktərístik] |

STEP 4

| 強い母音 | [é] … bed の e | ○○○○●… |

| **environmental**＊ | 形 環境の、環境による | [invàirənméntl] |
| **nevertheless** | 副 それにもかかわらず、それでも | [nèvərðəlés] |

☞ **英単語の学習には終わりがない？**

本書はこれで終わりですが、英単語の学習がこれで終わるわけではありません。英語を使って何かをするためには、自分の興味や必要に応じて、量的にも（たくさん！）、質的にも（深く！）、もっともっと英単語を学習していかなくてはなりません。ここで身につけた単語力と発音力は、そのためのしっかりとした土台になるでしょう。

本書では、単語を音でつないで学習してきましたが、単語は本来「文」をつくるものです。この本の中には例文はありませんが、この単語集のための『例文集』（固有名詞以外は、この単語集の収録語彙のみを使って書かれた全単語の例文集）をダウンロードすることができます。

文法が苦手でもかまいません。単語を手がかりに、英文に挑んでみてください。わからないときは、日本語訳を参考にしましょう。この「例文集」を活用することで、さらに英単語学習（⇒英語学習）は進化し、新たなチャレンジへと向かうための自信と意欲につながっていくでしょう。

この索引には、本書に収録された4014の英単語が、アルファベット順に並んでいます。単語を検索する際にご活用ください。また、チェック欄がついているので、単語力の最終チェックにも利用できます。

INDEX

INDEX

INDEX

F

INDEX

INDEX

INDEX

INDEX

M

INDEX

340

INDEX

INDEX

U

音でつながる英単語 4000

2023年11月 初版第1刷発行

カバー・本文イラスト	大沢 純子
装丁	佐々木 一博（GLIP）
デザイン・DTP	佐々木 一博（GLIP）
音声制作	株式会社ブレーンズギア
ナレーター	Julia Yermakov
編集協力	高塚 俊文

発行人	志村 直人
発行所	株式会社くもん出版
	〒141-8488 東京都品川区東五反田2－10－2 東五反田スクエア11F
	電話　03-6836-0301（代表）
	03-6836-0317（編集）
	03-6836-0305（営業）
	https://www.kumonshuppan.com/
印刷・製本	三美印刷株式会社